KB057677

죽음의
인문학

iMH
경희대학교 인문학연구원
HK+통합의료인문학연구단
통합의료인문학
학 술 총 서 _ 07

죽음의
인문학

김재현 문현공 이상덕 이윤종 조태구 최성민 최우석

지음

Humanities on Death

돌어
돌보고 모시는사람들

이 책은 인문학을 대표하는 철학, 문학, 역사, 종교의 관점에서 인간의 '죽음'을 논구하는 책입니다. 당연한 말이지만 '죽음'은 우리 삶에 늘 곁에 있는 주제입니다. 유한한 존재로서 우리 모두는 언젠가 죽습니다. 우리는 '지금'을 살고 있지만, '언젠가' 죽습니다. 그럼에도 불구하고 대다수의 사람들은 일상에서 우리가 필연적으로 죽는다는 사실을 크게 개의하지 않은 채 하루하루를 살아갑니다. 심지어 우리는 죽음을 원치 않기에 애써 이 주제에 관하여 말하고 싶어하지 않습니다. 하지만 손바닥으로 달을 가린다고 해도 달이 사라지지 않듯, 죽음은 우리 곁에서 떨어지지 않습니다. 죽음은 언제나 우리 곁에 있습니다.

독일의 한 유명한 철학자는 우리가 죽는다는 사실을 망각한 채 살아간다면, 자신의 참다운 존재의 의미를 발견할 수 없다고 보았습니다. 그에 따르면 우리는 피할 수 없는 게 죽음이라는 점을 늘 기억해야 하고, 그러한 기억 속에서 우리는 최선으로 자신의 존재 의미를 발견해야 합니다. 자신의 참된 존재의 의미를 발견할 때 우리 각자는 저마다의 진정한 삶을 영위할 수 있기 때문입니다. 정말로 "일주일 후 죽는다면?" 우리는 진정으로 자신이 원하던 것을 행하고 혹은 소중하게 생각한 것과 함께하려고 하지 않을까요?

"죽음을 기억하라"(memento mori)와 같은 문구가 사람들로부터 회자되는 이유도 죽음이 삶을 돌아보게 하는 힘을 갖기 때문일 겁니다. 죽음은 낯선 것 혹은 기이한 것이 아니라 우리의 삶에서 필연적으로 마주하게 될 것이기에, 그러한 죽음이 지금 우리에게 주어진 삶의 의미를 더 고찰하게 만들기에 죽음은 반드시 살펴야 할 주제임이 틀림없습니다. 당연하게도 죽음은 인문학에서 필히 다뤄야 할 중요한 주제입니다. 대부분의 사람들이 병원에서 죽음을 맞이하는 시대에 의료인문학의 연구범위에 죽음이 포함되는 것은 당연한 일입니다. 그래서 경희대학교HK+통합의료인문학연구단은 '죽음'이 무엇인지를 들여다보기로 했습니다. 우리의 삶을 '생로병사'(生老病死)로 요약할 수 있다면, 그중에서 죽음을 심층적으로 살펴보기로 했습니다. 이러한 사정 속에서 우리 HK+통합의료인문학연구단은 '죽음'(死)과 관련된 학술총서를 기획하였고, 그 성과로 이 책을 내놓게 되었습니다. 이 책은 연구단의 '사'(死) 팀에 소속된 선생님들과, 연구단 소속은 아니지만 연구단의 기획에 공감하여 전문가 초청에 참석하고 귀중한 글을 보내주신 선생님들의 노력으로 만들어진 결과물입니다.

이 책에서는 프랑스 철학의 관점, 특히 미셀 앙리(Michel Henry)와 베르그손(Henry Bergson)을 중심으로 죽음을 살피고 있으며, 독일 철학의 관점, 그 중에서 현상학의 창시자 후설(Edmund Husserl)의 관점을 빌려 죽음을 고찰하였습니다. 죽음은 어떤 이유에서든 종교와도 분리될 수 없기에, 본 학술총서는 기독교의 죽음 이해와 불교의 죽음 이해도 살피고 있습니다. 또한 이 책에서는 역사적 인물 중 한 사람, 성녀 가타리나 시에나(Catherine of Siena)를 선택해서 금식과 관련된 죽음도 들여다보았습니다. 이에 그치지 않고 본 총서는 영화 속에서 선사된 죽음의 심층적 의미를, 그리고 현실적 문제라고 할 수 있는 노화와 요양병원과 연관된 죽음을 다루고 있습니다.

죽음에 관한 여러 선생님들의 풍부한 학술적 내용을 담고 있는 만큼, 이 책은 죽음에 관심을 가지고 있는 분들에게 도움이 될 것이라 기대합니다. 경희대학교HK+통합의료인문학연구단의 사(死) 팀의 첫 학술총서 기획을 완성해 주신 여러 선생님들과, 책이 나올 수 있게 힘을 빌려 주신 도서출판 모시는사람들 편집자 선생님들께 감사를 드립니다. 4차산업혁명 시대에 죽음을 통한 인간 중심의 가치가 무엇인지를 살펴보실 분들에게 귀감이 되는 글이 되어 이 책을 토대로 죽음에 대한 학술적 후속 작업들이 왕성하게 이어지길 기대해 봅니다.

2021년 12월

필진을 대표하여 최우석 씀

차례

머리말 / 5

죽음과 철학 / 조태구 ─────────────── 11
─죽음의 관념과 시간의 지평

    1. 죽음이라는 신비 ─────────── 13
    2. 2인칭의 죽음과 현재 ───────── 15
    3. 나와 너의 '최소 거리', 삶과 죽음의 거리 ── 18
    4. 죽음이라는 관념 ─────────── 23
    5. 무라는 관념 ──────────── 27
    6. 죽음과 시간의 지평 ───────── 33
    7. 탈자적 시간과 죽음 ───────── 36
    8. 죽음과 삶 ───────────── 41

현상학의 자아와 죽음 / 최우석 ────────── 45
─후설의 초월론적 자아, 유한성, 그리고 죽음

    1. 정적 현상학과 발생적 현상학 ──── 47
    2. 두 얼굴의 현상학 ────────── 50
    3. 초월론적 자아의 시간의식 ────── 52
    4. 상호주관성, 무한성, 유한성 ───── 57
    5. 초월론적 자아의 죽음 ─────── 61

죽음으로 가는 시간 / 최성민 ─────────── 65
─질병과 간병, 그리고 노화와 요양

    1. 들어가며: 삶은 죽음을 향한다 ──── 67

2. 질병과 간병 —————————————— 70

3. 간병의 서사들: 박완서의 소설을 통하여 —————— 73

4. 더 비극적인 간병의 현실 ————————————— 83

5. 질병의 인정과 요양, 그리고 타나토스 ————— 94

6. 나오며 —————————————————— 101

성녀 시에나의 가타리나의 금식과 죽음 / 이상덕 —————— 103

—중세 여성의 주체성

1. 서론 ————————————————— 105

2. 시에나의 성녀 가타리나(Catherine of Siena)의 금식 —— 108

3. 자기통제 성공의 경험 ———————————— 111

4. 제약적 환경과 주체성 확보의 노력 ———————— 114

5. 몸과 여성성에 대한 거부 ——————————— 117

6. 결론 ————————————————— 119

기독교의 죽음관 / 김재현 —————————————— 121

—묵시적 희망의 견지에서 본 잠듦과 깨어남

1. 기독교의 발생: 유대교에서 기독교로 ——————— 125

2. 죽음 이해 ———————————————— 127

3. 부활과 재림의 묵시적 기대 —————————— 136

4. 부활의 시기에 몸은 어떻게 되는가? ——————— 142

5. 나가면서 ———————————————— 145

불교에서 보는 죽음 / 문현공 ——————————— 147

—죽음의 정의, 과정, 임종과 내세, 극복의 문제에 대하여

    1. 현대의 죽음 정의와 불교적 정의 ——————— 149

    2. 죽음에 이르는 과정에 대한 불교적 관점 ————— 154

    3. 임종과 내세의 문제 ———————————— 158

    4. 불교의 죽음 극복 문제와 '살아 있는 죽음' ———— 166

죽음과 에로스 / 이윤종 ——————————— 177

—1980년대 한국 영화에서의 죽음과 에로스, 그리고 노동과 유희

    1. 들어가며: 영화에서의 죽음과 에로스 ————— 179

    2. 영화 〈변강쇠〉와 판소리 사설 「변강쇠가」 ——— 184

    3. 〈변강쇠〉에서의 에로스와 죽음,

       1980년대 한국 사회에서의 노동과 유희 ————— 197

    4. 나가며: 1980년대 한국 에로영화에서의 죽음 ——— 204

참고문헌 / 208

집필진 소개 / 216

찾아보기 / 218

죽음과 철학*

—죽음의 관념과 시간의 지평

조태구
_ 경희대학교 인문학연구원 HK+통합의료인문학연구단 HK연구교수

* 이 글은 『가톨릭철학』, 제37호에 수록된 논문 「죽음과 시간 - 장켈레비치, 베르크손과 앙리 -」를 단행본 형식에 맞게 수정 및 보완한 글이다.

1. 죽음이라는 신비

프랑스 현상학자 미셸 앙리는 "죽음은 없다"[1]고 단적으로 선언한다. 현상학적으로 '존재한다'는 것이 '나타난다'는 것을 의미하는 한, 죽음의 부재에 대한 그의 이러한 선언은 죽음이 우리에게 나타나지 않는다는 점을, 즉 그것은 직접적으로 경험할 수 없는 무엇이라는 점을 의미한다. 실제로 인간은 누구나 필연적으로 죽지만, 누구도 죽음을 직접 경험할 수는 없다. 살아 있는 존재에게 자신의 죽음은 아직 벌어지지 않은 미래의 일일 뿐이며, 그것도 언제 벌어질지 정확히 알 수 없는 미지의 일일 뿐이다. 매일매일 죽음에 대해 생각한다고 해도 사안은 달라지지 않는다. 마지막 숨이 멈추기 직전까지 우리는 살아 있고 여전히 죽음은 우리의 앞, 다가올 미래에 있다. 그리고 마지막 숨이 멈추었을 때, 그때 이미 우리는 죽어 있다. '아직' 도래하지 않은 미래가 '이미' 도래해 버린 과거로 이행할 때, 이러한 이행 그 자체가 바로 죽음이다. 그리고 이러한 '이행', 다시 말해 이 '현재로서의 죽음'에 대해

---

1 Henry, "Art et phénoménologie de la vie", *Phénoménologie de la vie*, t. III, PUF, 2004, p. 308.

우리는 아무것도 알 수 없다. 어떤 기적으로 인해 그것에 대해 무언가 자그마한 것이라도 알게 된다고 하더라도, 우리는 그것에 대해 누구에게도 아무것도 말할 수 없다. 이 '현재로서의 죽음'과 함께 우리는 더 이상 이 세상에 존재하지 않기 때문이다. 장켈레비치(Vladimir Jankélévitch)가 말한 것처럼 "내가 있는 거기에 죽음은 없고, 죽음이 거기 있을 때, 나는 더 이상 없다."[2] "나에게 죽음은 결코 실존하지 않는다."[3]

그런데 비록 우리가 우리 자신의 죽음을 경험할 수는 없다고 하더라도 타인의 죽음을 경험할 수는 있지 않은가? 실제로 사람들은 자기 자신의 죽음과는 달리 타인의 죽음은 경험할 수 있는 무엇이라고 생각하며, 장켈레비치 역시 그렇게 생각했다. "죽는 것은 결코 내가 아니라, 항상 타인"[4]이며, 이 타인의 죽음, 특히 다른 누구도 아닌 다름 아닌 '너'라는 2인칭의 죽음으로부터 장켈레비치는 "죽음에 관한 철학"의 가능성을 발견한다.[5] 그러나 "죽음을 경험하는 일"과 "죽음에 대해' 경험하는 일"은 완전히 다른 일이다. 내가 죽음을 경험하는 일은 내가 죽는다는 단적인 사실을 말하는 반면, 죽음에 대해' 경험한다는 것은 '죽음'이라는 어떤 대상, 즉 나와 구분되는 무언가를 경험한다는 것을 말하기 때문이다. 그리고 우리가 타인의 삶을 대신 살 수 없는 것과 마찬가지로, 타인의 죽음을 대신 죽을 수 없다는 사실은 너무나 명백하다. 따라서 나 자신의 죽음을 직접적으로 체험할 수 없는 것과 마찬가

2 Jankelevitch, *La Mort*, Flammarion, 1977, p. 34.

3 *Ibid.*, p. 32.

4 *Ibid.*, p. 33.

5 "죽음에 관한 철학은 우리 곁의 가까운 사람으로 인해 이루어집니다."(장켈레비치, 『죽음에 대하여』, 변진경 옮김, 돌베개, 2016, 17쪽). Jankelevitch, *La Mort. op.cit.*, p. 30, 34 참조.

지로, 우리는 타인의 죽음 역시 직접적으로 체험할 수 없다. 우리는 죽어 가는 타인, 아직 죽지 않은 타인을 경험할 수 있고, 죽어 버린 타인, 이미 죽어 버린 타인을 경험할 수는 있지만, 타인의 죽음 자체를 경험하지는 못한다. 타인의 죽음은 아직 벌어지지 않은 미래의 일로 상상되거나 이미 벌어진 과거의 일로 기억될 뿐, 현재의 일로 체험되지 않는다. 나의 고유한 죽음과 마찬가지로, 타인의 죽음과 관련해서도 '현재로서의 죽음'은 실존하지 않는다.

2. 2인칭의 죽음과 현재

그럼에도 장켈레비치는 2인칭의 죽음을 통해 이 '현재로서의 죽음'에 접근할 수 있는 어떤 가능성을 엿보고 있다. 죽음을 1인칭, 2인칭, 3인칭의 관점으로 나누어 고찰하고 있는 장켈레비치의 구분에 따르면, 1인칭의 죽음은 결코 실존하지 않는 '나의 죽음'을 의미하는 반면, 2인칭의 죽음과 3인칭의 죽음은 내가 아닌 타인의 죽음을 의미한다. 그러나 2인칭의 죽음은 나와 친밀한 타인의 죽음, 다름 아닌 '너'의 죽음이라는 점에서 나와 상관없는 익명적이고 비개성적인 타인의 죽음, "추상적인 익명의 죽음"[6]을 의미하는 3인칭의 죽음과 구별된다. 실제로 내가 알지 못하는 '그'나 '그녀'의 죽음은 자연적 사실에 불과하며, 객관적으로 확인되어 숫자로 기록될 뿐이다. 이러한 죽음에는 어떠한 주관적 요소도 포함되어 있지 않다. 따라서 이러한 죽음은 다른 자연 과학의 대상들과 마찬가지로 인구통계학이나 사회학, 의학과 생

6 Jankelevitch, *La Mort, op. cit.*, p. 25.

물학 등의 탐구 대상이 되어 자유롭게 분석되고 탐구된다. 절대적인 신비인 나의 죽음과는 정반대로 이러한 죽음에는 어떠한 신비도 없다. 3인칭의 죽음은 신비가 아니라 다루어야 할 하나의 문제일 뿐이다.

반면, 친구나 부모, 자식처럼 나와 친밀한 타인의 죽음은 객관적으로 확인할 수 있는 다른 자연적 사실과 동일한 방식으로 다루어질 수 없다. 그러한 죽음은 나의 죽음만큼이나 비극적이며, 극심한 슬픔과 고통 속에서 마치나 자신의 죽음인 것처럼 체험된다. 장켈레비치가 2인칭의 죽음에 특권적지위를 부여하는 이유가 바로 여기에 있다. 2인칭의 죽음은 분명 나 자신의죽음이 아님에도 불구하고 마치 나 자신의 죽음인 것처럼 체험된다. 그러나 다른 한편, 2인칭의 죽음은 그것이 아무리 나 자신의 죽음인 것처럼 체험된다고 할지라도, 여전히 내가 아닌 타인의 죽음으로 남아 있다. 2인칭의 죽음은 "일치되지 않는 근접성, 동일화되지 않는 친밀한 근접"이며, 이것이 바로 2인칭의 죽음으로 하여금 1인칭의 죽음이 가진 신비를 보전하는 동시에 3인칭의 죽음처럼 대상으로 주어짐으로써 하나의 문제로 다루어질 수 있도록 만드는 바의 것이다.[7] 2인칭의 죽음은 "문제를 야기하는 신비(mystère problématique)"[8]이다.

그런데 이러한 상황은 1인칭 죽음과는 달리, 2인칭의 죽음은 나의 존재와 서로 배타적이지 않다는 점을 의미한다. 내가 존재하는 거기에 2인칭의 죽음은 대상으로서 실존할 수 있다. 따라서 1인칭의 죽음은 오직 미래로만 존재할 수 있는 데 반해, 2인칭의 죽음은 미래로도 과거로도 존재할 수 있으

---

7 *Ibid.*, p. 30.
8 *Ibid.*, p. 31.

며, 무엇보다 현재로 존재할 수 있다. 나는 아직 도래하는 너의 죽음을 곁에서 지켜볼 수 있고, 네가 죽은 뒤에도 너의 곁에 남아 너의 죽음을 기억할 수 있을 뿐만 아니라, 무엇보다 네가 죽는 바로 그 순간에 너의 죽음을 함께할 수 있다. "나의 의식은 너의 죽음의 증인이다."[9]

물론 이러한 상황은 3인칭의 죽음과 관련해서도 비슷한 방식으로 기술될 수 있다. 다양한 과학들에서 죽음은 예상되고, 기록될 수 있으며, 무엇보다 관찰될 수 있다. 그러나 3인칭의 죽음은 익명적이고 비개성적인 인간의 죽음으로서, 이러한 죽음과 관련하여 시간은 거의 아무런 역할을 하지 않는다. 3인칭의 죽음에게 미래, 현재, 과거는 죽음이 지금 위치해 있는 장소를 가리킬 뿐이다. 실제로 나의 죽음과 너의 죽음은 시간의 흐름에 따라 그 의미와 정서를 달리하며 계속해서 변화하지만, 익명의 누군가의 죽음은 그것이 앞으로 도래할 것이든(미래에 위치해 있는 것이든), 이미 도래한 것이든(과거에 위치해 있는 것이든), 지금 발생한 것이든(현재에 위치해 있는 것이든) 모두 하나의 동일한 죽음일 뿐이다. 이것들 사이에 존재하는 차이가 있다면, 그것은 이 죽음이 실제로 실현되었는가의 여부뿐이다. 그리고 이러한 사실은 3인칭의 죽음에서 과거가 특권적인 자리를 차지한다는 점을 말해준다. 이미 완결된 사건으로서의 죽음, 즉 과거로서의 죽음이 기준이 되어 앞으로 실현될 타인의 죽음을 예상하도록 하고, 지금 실현되는 그나 그녀의 죽음을 구별하고 판단할 수 있게 만든다. 3인칭의 죽음에서 미래와 과거와 현재는 "거의 식별되지 않는 과거의 세 가지 변종들"일 뿐이다.[10] 이제 장켈레비치

---

9 장켈레비치의 강조, *ibid.*, p. 34.
10 *Ibid.*

가 그랬듯 시간이 변화이며 창조라는 베르크손의 주장을 받아들인다면, 이것들은 시간조차 아니다. 3인칭의 죽음과 관련된 미래, 현재, 과거는 "동일한 비시간성의 세 가지 형식들"일 뿐이며,[11] 이러한 형식 속에 나타나는 3인칭의 죽음은 비시간적인 죽음이다.

3. 나와 너의 '최소 거리', 삶과 죽음의 거리

지금까지의 논의가 밝히는 바는 2인칭의 죽음이 현재로서 실존할 수 있는 유일한 죽음이라는 점이다. 1인칭의 죽음은 미래로서만 존재할 뿐이고 3인칭의 죽음은 과거로서, 좀 더 정확히 말한다면, 비시간적으로 존재할 뿐이다. 그러나 앞서 말했던 것처럼, 2인칭의 죽음이 대상으로서 실존하는 한, 이 2인칭의 죽음을 현재로서 경험하는 일은 결코 너의 죽음 자체를 경험하는 일과 같은 것일 수 없다. 반복하지만, 죽음을 경험하는 일과 죽음에 대해' 경험하는 일은 아주 다른 일이다. 죽어 가는 너의 곁에서 너의 죽음을 그 마지막 순간까지 함께한다고 할지라도, 또 그렇게 너의 죽음을 마치 나의 죽음인 것처럼 경험한다고 할지라도, 나는 여전히 살아 있고 너는 죽는다. 죽음을 경험하는 일과 죽음에 대해' 경험하는 일 사이에는 삶과 죽음을 갈라놓는 거대한 간극이 존재한다.

물론 장켈레비치는 이러한 간극에 대해 아주 잘 알고 있었다. 그가 2인칭의 죽음과 관련하여 "일치되지 않는 근접성" 혹은 "동일화되지 않는 친밀한

---

11 Ibid., p. 31.

근접"을 말했을 때, 이러한 상황은 정확히 이런 간극을 가리킨다. 그러나 그에게 이 간극은 어떤 측면에서는 이미 극복된 "최소 거리(distance minimale)"일 뿐이다.

> "이런 일치되지 않는 근접성, 이런 동일화되지 않는 친밀한 근접은 우리에게 타인의 죽음을 낯선 죽음(mort étrangère)으로서 사유할 수 있도록 허락한다. 나와 너의 거리는 그 이하로는 주체가 대상을 흡수해 버릴 것 같은 최소 거리, 그로부터 시작해서 우리가 인식 대상을 투사할 수 있게 되는 그러한 최소 거리를 표상한다. 그러나 이 거리가 최소이기 때문에, 너에 대한 공감적 인식(connaissance sympathique)은 순수하고 단순한 통합적 융합(fusion unitive)에 가장 가깝게 접근한다."[12]

너의 죽음을 함께하면서 나는 극심한 슬픔과 고통 속에서 너의 죽음을 마치 나의 죽음처럼 경험하지만 여전히 너와 나 사이에는 간극이 있고, 너의 죽음에도 불구하고 여전히 나를 살아 있게 만드는 이 간극은 너의 죽음을 대상으로 만들고, "낯선 죽음"으로, "문제를 야기하는 신비"로, 철학적 반성을 위한 낯선 재료[13]로 만든다. 그러나 나는 너의 죽음을 마치 나의 죽음인 것처럼 경험하면서 이미 무한히 너에게 접근해 있다. 너와 나를 가르는 이 간극은 아주 조금이라도 줄어들면 너와 내가 융합되어 하나가 버리는 거리,

---

12 장켈레비치의 강조, *ibid.*, p. 30.
13 "철학은 하나의 반성인데, 그 반성의 재료는 철학에게는 낯선 것이 좋으며 좋은 반성의 재료는 반드시 철학에게 낯설어야 한다."(캉길렘, 『정상적인 것과 병리적인 것』, 여인석 옮김, 그린비, 2018, 45쪽.

더 이상 대상이 존재할 수 없게 되어 버리는 그러한 거리이다. 역으로 말해서, 이 간극은 대상이 출현하기 위해 요구되는 최소한의 거리이며, 너를 내가 아닌 다른 것, 타인으로 나타날 수 있게 만드는 최소 거리이다.

그렇다면 이 최소 거리는 구체적으로 무엇을 의미하는가? 너와의 "통합적 융합"을 가까스로 가로막는 이 최소 거리는 접촉 혹은 만짐의 거리이다. 내가 너를 만질 때, 너는 내게 여전히 대상이다. 그러나 나는 그 어느 때보다 너에게 접근해 있으며, 이 만짐을 넘어 너에게 더욱 가까이 가면 이제 너와 나 사이의 구분은 사라지고 이때 죽는 것은 다만 너만이 아닐 것이다. 너의 죽음과 함께 나 역시 죽음을 피할 수 없다. 실제로 장켈레비치는 2인칭의 죽음에 대해 "나를 가장 가깝게 만지는 것"이라고 설명한 바 있다.[14] 2인칭의 죽음이 야기하는 극심한 슬픔과 고통 속에서 나는 너의 죽음을 만진다. 살아 있는 나는 현재하고 있는 너의 죽음 자체, 너의 '현재로서의 죽음'과 접촉한다.

이러한 설명은 명백하게 베르크손의 직관을 떠올리게 하고, 좀 더 직접적으로는 그의 공감 개념을 상기시킨다. 인용된 문장의 마지막 구절은 특히 이러한 생각을 강화시킨다. 분명 베르크손에게 직관은 "보이는 대상과 거의 구별되지 않는 봄(vision), 접촉이면서 심지어 일치인 인식을 의미한다."[15] 그러나 장켈레비치가 "공감적 인식"을 말하면서 베르크손적 의미의 직관 혹은 공감을 염두에 두고 있었다면, 그는 이 개념들을 베르크손이 사용했던 본래

---

14 "죽는 것이 내가 아니라 타인이지만, 그와 동시에, 이는 나를 가장 가깝게 만지는 것이다. 그 이상으로 가면, 이제 그것은 바로 나의 죽음일 것이다."(수정인용, 장켈레비치, 『죽음에 대하여』, 17쪽)

15 Bergson, *Pensée et Mouvant*, PUF, 2013, p. 27.

의 의미와는 완전히 다르게 사용하고 있는 것이다. 베르크손이 말하는 직관과 공감은 실재에 대한 직접적 의식이며, 이때 베르크손이 말하는 실재는 운동, 삶 혹은 생명이지 죽음이 아니기 때문이다. 적어도 베르크손 철학에서 죽음에 대한 직관 혹은 공감은 불가능하다.

물론 장켈레비치가 베르크손이 사용한 의미와는 완전히 다른 의미로 '공감'이라는 용어를 사용했을 수도 있고, 베르크손적 직관을 전혀 고려하지 않았을 수도 있다. 그러나 장켈레비치가 베르크손의 철학을 참고했든 그렇지 않든 중요한 것은 2인칭의 죽음과 관련하여 장켈레비치가 다만 죽음에 대한' 나의 경험의 현재가 아니라 너의 죽음 자체의 현재를 말하기를 원하는 한, 그는 필연적으로 너에게 발생하는 '현재로서의 죽음'과의 접촉을 가정할 수밖에 없다는 사실이다. 실제로 이러한 '현재로서의 죽음'과의 접촉이 없다면, 현재로서 실존하는 2인칭의 죽음은 과거나 혹은 미래로서 실존하는 2인칭의 죽음과 본질적인 차이를 갖지 못한다. 심지어 어떤 측면에서는, 미래로서 실존하는 1인칭의 죽음과도 본질적인 차이가 없다. 죽음이 현재의 것이든 과거의 것이든 미래의 것이든 여기서 죽음은 언제나 대상일 뿐이며, 이제 '~에 대한'이라는 거리를 극단적으로 좁혀버리는 실재와의 접촉이 없다면, 죽음에 대한' 기억이나 죽음에 대한' 예상, 죽음에 대한' 현재의 경험은 모두 순수한 나의 의식일 뿐이기 때문이다. 이 경우 죽음은 나의 의식이 만들어낸 결과물, 즉 관념일 것이며, 현재로서 실존하는 것은 죽음이 아니라 오히려 너의 죽음에 대해 기억하고 상상하고 경험하는 나의 의식, 나의 삶일 것이다. 현재로서 실존하는 것은 나의 삶이지, 너의 죽음이 아니다. 지금 여기 현재로서 실존하는 것은 나의 삶과 죽음이라는 나의 관념뿐이다.

그런데 이것이 사실 아닌가? 장켈레비치는 내가 너의 죽음의 증인이 될 수 있다는 사실로부터 2인칭의 죽음이 현재로서 실존할 수 있다는 결론에 도달했고, 2인칭의 죽음에서 발견되는 너와 나의 "최소 거리"를 이유로 이 2인칭의 죽음의 현재가 다만 죽음에 대한 나의 경험의 현재일 뿐만 아니라, 어떤 측면으로는 너의 죽음 자체의 현재, 너의 '현재로서의 죽음'일 수 있는 가능성을 엿보았던 것으로 보인다. 그러나 문제는 너의 죽음을 마치 나의 죽음처럼 경험하는 일이 필연적으로 네가 죽음을 맞이하는 바로 그 순간에만 발생해야 하는 것은 아니라는 점이다. 가령 친구가 죽는 그 순간에는 담담했던 내가 시간이 흐른 뒤에 우연히 친구가 남겨 놓은 편지를 읽고 극심한 슬픔과 고통 속에서 친구의 죽음을 마치 나의 죽음처럼 경험하는 경우를 상상해볼 수 있다. 이 경우 너와 나 사이의 거리는 극단적으로 줄어들어 너의 죽음은 나를 만지고 나는 너의 죽음과 접촉하지만, 이 2인칭의 죽음은 어떠한 방식으로도 '현재로서의 죽음'일 수 없다. 아주 단순하게 이 '현재로서의 죽음'은, 즉 '미래였던 죽음의 과거로의 이행'은 이미 몇 년 전에 완성되어 버린 사건이기 때문이다. 지금 나의 극심한 고통 속에서, 내가 너의 죽음을 만지는 이 최소 거리에서 현재로서 실존하는 것은 '현재로서의 죽음'이 아니라 '과거로서의 죽음', 너의 죽음에 대한 나의 기억이다.

이렇게 너의 죽음과 나의 삶 사이의 "최소 거리"는 네가 죽는 그 순간이 아닌 다른 순간에도 얼마든지 형성될 수 있으며, 따라서 이러한 최소 거리의 형성은 '현재로서의 죽음'의 실존에 대해 아무것도 보장해 주지 못한다. 그렇다면 이제 "죽음은 없다"[16]고 단적으로 선언한 앙리의 말을 진지하게 고

---

16 Henry, "Art et phénoménologie de la vie", *Phénoménologie de la vie*, t. III, PUF, 2004, p.

려해야만 하지 않는가? 죽음은 누구에게도 현재로서 실존하지 않으며, 따라서 직접적으로 경험되지 않는 것 아닌가? 죽음은 경험되는 것이기보다는 상상되는 것이며, 사유되는 것으로서 하나의 관념 아닌가? "직접적으로 경험되지 않는 죽음은 삶에 자신의 토대를 두는 관념"[17] 아닌가?

4. 죽음이라는 관념

죽음이 누구도 직접 경험할 수 없는 것으로서 경험이라기보다는 관념이라면, 이제 문제는 이 죽음이라는 관념이 어떤 내용을 가지고 있으며, 어떻게 구성되는가를 아는 것으로 전환되어야 한다. 그리고 생명의 형이상학자 베르크손은 죽음에 대해 거의 아무런 말도 하지 않았지만, 그의 철학은 죽음이라는 관념에 대해 매우 적절한 설명을 제공해주고 있는 것처럼 보인다.

우선 베르크손은 그의 마지막 저서인 『도덕과 종교의 두 원천』에서 종교 발생의 기원을 설명하는 과정 중에 죽음에 대한 아주 짧은 논의를 전개하고 있다. 매우 예외적인 죽음에 대한 그의 이러한 논의는 다음과 같은 명제로 귀결된다. "종교는 지성이 만들어낸 죽음의 불가피성이라는 표상에 대항하는 자연의 방어적 반응이다."[18] 우리의 문제와 관련하여, 이 문장에서 주목

308.

17 Henry, "La subjectivité originaire. Critique de l'objectivisme", *Auto-donation, Beauchesne*, 2004, p. 82.

18 Bergson, *Les Deux Sources de la morale et de la religion*, PUF, 2013, p. 137. 베르크손에 따르면 생명의 진화 과정 속에 출현한 인간의 지성은 본능과 마찬가지로 생명의 운동으로부터 비롯된 결과이지만, 생명의 요구를 즉각적으로 따르는 본능과는 달리 지성은 생

할 부분은 "죽음의 불가피성"이 지성에 의해 만들어진 "표상"으로 규정되고 있다는 사실이다. 그리고 이는 오직 인간만이 죽음이라는 일반 관념을 가지고 있다는 점을 의미한다. 베르크손에 따르면, 동물들은 죽음이라는 일반 관념을 가지고 있지 못한 까닭에 "자신들이 죽어야만 한다는 사실을 알지 못하"는 반면, 이러한 관념을 가지고 있는 "인간은 자신이 죽을 것이라는 사실을 안다".[19]

물론 동물들도 죽은 것과 살아 있는 것을 구분할 줄 알고 적을 피하기 위해 죽음을 연기할 줄 알며, 몇몇 연구자들에 따르면 동물들은 심지어 자살을 할 수도 있다. 그러나 "죽기 위해 해야만 하는 바를 하는 것과 그로 인해 죽을 것이라는 사실을 아는 것 사이에는 거대한 거리가 있다."[20] 이 거리는 행동의 영역과 사유의 영역을 가르는 차이를 의미한다. 사실 베르크손은 동물들이 정신에 표상되는 일반 관념을 가지고 있지는 않을지라도, "단순하게 몸에 의해 작동되는"[21] 일반 관념은 가지고 있다는 사실을 인정한다. 그는 일반 관념의 형성을 설명하는 『사유의 운동자』에 수록된 다른 글에서 동물들을 포함한 모든 생명체는 물론이고, 생명체의 모든 기관들과 조직들조차 자신들의 필요를 만족시킬 수 있는 요소들을 주어진 환경으로부터 모으고 그렇지 않은 것들은 무시한다는 점에서 이미 분류를 하고 있는 것이며, 추상과 일반화를 하고 있는 것이라고 말하고 있다. "생명체는 자신의 관심을

명을 혼란에 빠트리는 문제들을 종종 야기한다. 죽음이라는 일반 관념이 그러한 문제들 중 하나이며, 이에 자연은 이 문제를 해결할 수 있는 능력을 인간 지성에 또한 부여해 두었다. 종교는 바로 이러한 능력으로부터 출현한다.

19 *Ibid.*, p. 135.
20 *Ibid.*
21 *Ibid.*

끄는 성질을 분리하고, 공통 속성을 향해 곧바로 나아간다."[22]

　그러나 인간을 제외한 다른 생명체들에게서 이러한 추상과 일반화는 행동 차원에서 이루어질 뿐이다. 여타의 생명체들에게 추상과 일반화는 주어진 자극에 대해 동일한 반응을 보인다는 것 이상의 다른 아무것도 의미하지 않는다. 분명 베르크손에 따르면, 이러한 행동 차원에서 이루어지는 일반화는 인간이 정신 차원에서 수행하는 일반화의 원초적인 토대이다. 우리가 사물들이나 상태들 사이에서 지각하는 "닮음이란 무엇보다 우선 우리 몸으로부터 동일한 반응을 얻어낼 수 있는 이 상태들이나 사물들이 가지고 있는 공통 속성"[23]을 의미하는 것이기 때문이다. 따라서 상태들이나 사물들이 우리에게 가하는 물질적이거나 정신적인 다양한 작용들에 대해 우리 몸이 동일한 방식으로 반응할 때, 우리는 우리 몸에 동일한 반응을 일으키는 이 대상들을 서로 닮은 것으로 판단하여 하나의 집단으로 묶고, 이제 이러한 집단에 이름을 부여하면 일반 관념이 형성된다. 이것이 베르크손이 말하는 일반 관념이 형성되는 가장 원초적인 방식이다.

　그런데 여기서 중요한 점은 이렇게 일반 관념을 형성하기 위해서는 단순히 주어진 작용에 동일한 방식으로 반응하는 것만으로는 충분하지 않다는 사실이다. 일반 관념이 형성되는 과정에서 행동이 아무리 중요한 역할을 한다고 할지라도, 여기서 핵심적인 사안은 "행동의 장으로부터 사유의 장으로"[24] 올라가는 것이며, 이러한 일은 오직 인간만이 할 수 있다. 이것이 인간

---

22 Bergson, Pensée et Mouvant, *op. cit.*, p. 55.
23 *Ibid.*, p. 56.
24 "일반화는 본래 행동의 장으로부터 사유의 장으로 올라가는 습관과 거의 다른 것이 아니다."(*ibid.*, p. 57)

을 제외한 다른 동물들이 비록 죽은 것과 살아 있는 것을 구분할 수는 있더라도(행동의 장에서 작용하는 일반 관념은 가지고 있더라도) 죽음을 알지는 못하는(사유의 장에서 표상되는 일반 관념은 가지고 있지 않은) 이유이다. 인간이 아닌 다른 동물들은 다만 다양한 작용에 동일한 방식으로 반응하는 수준에 머물러 있으면서 닮음을 즉각적인 행동으로 번역하고 있을 뿐이다. "인간이 아닌 다른 동물들에게서, 추상과 일반화는 체험되는 것이지 사유되는 것이 아니다."[25]

그런데 이러한 설명은 죽음이라는 일반 관념을 설명하기에는 어딘가 불충분하다. 문제는 베르크손이 종교 발생의 기원을 설명하는 논의에서 죽음이라는 일반 관념과 다른 여타의 일반 관념들을 동일한 성격의 관념인 것처럼 취급하고 있다는 사실에 있다. 그에 따르면, 동물들은 죽음이라는 일반 관념을 가지고 있지 않은 것과 마찬가지로 삶이라는 일반 관념 역시 가지고 있지 않으며, 사실 어떠한 일반 관념도 가지고 있지 않다.[26] 따라서 이를 역으로 말한다면, 이제 동물들이 행동의 차원을 넘어 자신들에게 동일한 반응을 이끌어내는 대상들을 하나로 묶어내고 거기에 적절한 이름을 붙일 수 있게 된다면, 그때 동물들은 다른 일반 관념들을 가질 수 있는 것과 똑같은 방식으로 죽음이라는 일반 관념 역시 가질 수 있을 것이다. 그러나 일반 관념의 형성 기반에 자리 잡고 있는 것이 닮음이며, 이러한 닮음이 무엇보다 먼저 대상들이 우리에게 불러일으키는 다양한 작용에 대한 우리 몸의 동일한 반응에 의존하는 것이라면, 이러한 일은 좀처럼 일어날 것 같지 않다. 앞서

25 *Ibid.*, p. 55.
26 Bergson, *Les Deux Sources de la morale et de la religion, op.cit.*, p. 135.

보았던 것처럼 죽음은 직접적인 경험의 대상이 아니기 때문이다.

물론 죽어 있는 몸들은 우리에게 작용하여 동일한 반응을 불러일으킬 수 있는 경험적 대상이며, 따라서 일정한 수준의 정신적 활동을 할 수 있게 된 동물들은 죽어 있는 몸에 대한 일반 관념, 가령 '사체'라는 일반 관념을 가질 수 있을 것이다. 그러나 죽어 있는 몸에 대한 일반 관념을 가질 수 있다는 사실이 죽음 자체에 대한 일반 관념을 가질 수 있다는 사실을 의미하지는 않는다. 죽음은 직접적으로 경험될 수 없으며, 이는 죽음이 우리에게 특정한 반응을 일으키는 대상이기보다는 오히려 아무런 반응도 일으킬 수 없는 '대상의 부재'라는 점을 의미한다. 죽음은 여전히 나의 지각 대상으로 남아 나를 자극하고 내게 특정한 반응을 이끌어낼 수 있는 죽어 있는 몸과 결코 동일한 것일 수 없다. 죽음은 죽어 있는 몸을 남기고 사라지는 지나감이며, 살아 있던 몸이 죽어 있는 몸이 되어 버리는 그러한 이행 자체이다. 죽음은 방금까지도 나를 만지던 네가 더 이상 나를 만질 수 없게 되어 버리는 그러한 이행이며, 네가 더 이상 나를 부를 수 없고 나의 부름에 더 이상 응답할 수 없게 되어 버리는 그러한 사라짐, 부재, 없음이다. 죽음은 존재가 아닌 무에 대한 관념이다.

5. 무라는 관념

베르크손은 그의 저서 『창조적 진화』의 4장을 무에 대한 분석으로 시작한다. 그런데 먼저 주의할 점은 여기서 그가 다루고 있는 무는 무 자체, 절대적인 무가 아니라는 점이다. 절대적인 무, 완전한 무는 없는 것이며, 완전히 없는 것에 대해서는 사실 어떠한 분석도 접근도 불가능하다. "무는 없다는 그 자체의 성격에 의하여, 어떠한 감각, 상상, 의견, 사유, 인식의 대상이 될 수 없다. 그것은 심지어 무라는 이름마저도 가질 수 없다."[27] 무가 분석의 대상으로 주어질 때, 그것은 분석의 대상이 되었다는 그 사실 자체만으로 이미 절대적인 무가 아니다. 베르크손이 분석하는 무는 이러한 절대적인 무가 아니라 절대적인 무라는 관념, 관념이라는 점에서 결코 절대적일 수 없는 "있는" 무, 상대적인 무이다.

베르크손에 따르면, 이러한 상대적인 무, 즉 무라는 관념은 철학자들이 거의 다루지 않은 문제이다. 그러나 무의 관념은 사실 철학적 사유의 "숨겨진 충력" 혹은 "보이지 않는 원동력"이었으며,[28] 그것이 '네모난 삼각형'처럼 자신 안에 모순을 포함하고 있는 거짓 관념이었기 때문에, "왜 아무것도 없지 않고 무엇이 있는가?"와 같은 철학의 해결할 수 없는 많은 거짓 문제들을 만들어내었다.[29]

베르크손의 분석을 간략하게 정리하면 다음과 같다. 먼저 아무것도 존재하지 않는다는 의미의 무는 상상할 수 없다. 외부 세계의 존재를 모조리 제

---

27 최정식, 「베르크손의 무이론 분석」, 『과학과 철학』, 제5집, 과학과 철학, 1994, 56쪽. 베르크손이 전개한 무 이론의 형이상학 함의를 알기 위해서는 이 논문을 참조해야 한다.

28 베르크손, 『창조적 진화』, 최화 옮김, 자유문고, 2020, 413쪽.

29 지금부터 살펴볼 것처럼, 절대적인 무 관념은 자신 안에 존재를 포함하는 존재보다 더 많은 관념이며, 따라서 모순적인 관념이다. 그럼에도 불구하고 우리가 무를 존재보다 더 적은 것으로 생각하고, '무로부터 존재로' 혹은 '공백으로부터 충만으로' 나아가는 진행을 자연스럽게 받아들이는 이유는 그것이 행동이 이루어지는 방식이기 때문이다. "모든 행동은 없다고 느끼는 대상을 획득하거나 아직 존재하지 않는 무언가를 창조하는 것을 노린다."(같은 책, 411쪽) 따라서 문제는 행동의 영역에 적합한 것을 그것의 고유한 영역을 넘어 사변의 영역에까지 적용할 때 발생한다. 철학의 많은 거짓 문제들은 "인간 행동의 형태들이 그 고유한 영역 밖으로 모험을 감행한다는 것으로부터 태어난다."(같은 책, 443쪽)

거한다고 해도 이 외부 세계의 사라짐을 지켜보는 나는 여전히 남아 있고, 이제 이 나를 제거하려고 시도하면 나를 지우려는 또 다른 내가 나타나 이 사라지는 나를 외부 대상으로 만들어 버린다. 무를 상상하기 위해 나는 끊임없이 안과 밖을 오가야 하며, 둘 중 어느 한쪽에 머무는 순간 무의 이미지는 불가능해진다. 물론 그 어느 쪽에도 머물지 않는 상황을 상상할 수는 있다. 그러나 둘 중 어느 한쪽에도 도착하지 않고 중간에 머문다는 것은 안과 밖 양쪽 모두를 고려한다는 것을 의미하며, 따라서 이때 형성되는 무의 이미지는 "주체와 객체의 이미지를 동시에 포함"하는 이미지이며, 이에 더해 "그들 중 하나에 결정적으로 안착하지 않는다는 거부" 또한 포함하고 있는 이미지이다. "이렇게 정의된 무의 이미지는 사물로 가득 찬 이미지"이지 결코 아무것도 없음을 의미하는 무의 이미지가 아니다.[30]

그렇다면 무는 비록 상상할 수는 없는 것이라고 할지라도, 이해할 수 있는 무엇은 아닐까? 데카르트가 말했듯이 천 개의 면을 가진 다각형은 결코 상상으로라도 그려볼 수 없는 것이지만, 사유를 통해 충분히 이해할 수 있는 도형이다. 실제로 사람들은 도형에 한 면 한 면을 더할 수 있다는 사실로부터 천 개의 면을 가진 다각형을 어렵지 않게 이해할 수 있다. "그것을 구성할 가능성을 명석하게 표상하는 것"만으로 천 개의 면을 가진 다각형을 생각하기에는 충분하다.[31] 동일한 방식으로 무라는 관념 역시 이해할 수 있을 것처럼 보인다. 존재하는 것들 가운데 그것의 비존재를, 그것의 '존재하지 않음'을 생각할 수 없는 대상은 없다. 따라서 도형에 한 면 한 면을 더할

30 이 단락의 모든 인용은, 같은 책, 420쪽.
31 같은 책.

수 있다는 가능성으로부터 천 개의 면을 가진 다각형을 생각할 수 있는 것과 마찬가지로, 존재하는 모든 것들 하나하나에 대해 그것들의 '존재하지 않음'을 생각할 수 있다는 가능성으로부터 모든 존재하는 것의 부재를, 그것들의 동시적인 '존재하지 않음'을, 결국 절대적인 무의 관념을 생각할 수 있을 것처럼 보인다. 이 경우 어떤 특정한 존재의 부재를 의미하는 '부분적인 무'는 존재하는 모든 것의 부재를 의미하는 '절대적 무'의 관념이 성립하기 위한 조건일 것이다. 그러나 문제는 존재하는 무언가의 이 '존재하지 않음', 즉 "부분적인 무"가 의미하는 바가 무엇인가 하는 점이다.

베르크손에 따르면 이러한 "부분적인 무"는 "주관적 측면에서는 선호를, 객관적 측면에서는 대체를 내포하며, 그런 선호의 감정과 대체의 관념 사이의 결합이나 또는 간섭 이외의 다른 것이 아니다."[32] 가령 누군가 나도 모르는 사이 내 앞에 놓여 있던 만년필을 치워 버렸다고 가정해 보자. 나는 메모를 하기 위해 만년필을 찾지만 찾을 수 없다. 만년필이 있던 그 자리에는 지금 '아무것도 없다'. 그런데 정말 아무것도 없는가? 그렇지 않다. 만년필이 사라진 그 자리에는 다만 우리에게 보이지 않을 뿐인 물질들이 가득 채워져 있다. 그러나 이러한 물리학적 사실을 고려하지 않더라도, 만년필이 위치해 있던 그 자리에는 적어도 만년필이 차지하고 있던 "장소, 즉 정확한 윤곽에 의해 제한된 공백, 다시 말해 일종의 사물"[33]이 남아 있다. 그럼에도 내가 이 공백의 적극적인 측면에 주목하지 않고 그것을 단순히 '무'로 취급하는 이유는 이 공백이 지금 내게 아무 필요 없는 것으로서 나에게 자그마한 관심도

---

32 같은 책, 424쪽.
33 베르크손의 강조. 같은 책, 422쪽.

불러일으키지 않기 때문이다. 내게 지금 필요한 것은 만년필이며, 나는 지금 그 만년필을 그것이 있을 것이라고 기대했던 장소에서 찾을 수 없다. 만년필에 대한 기억과 이러한 기억으로부터 비롯되는 기대, 그리고 그 기대에 대한 실망이 만년필이 실제로 있던 장소 혹은 만년필이 있을 것이라 기대했던 바로 그 장소를 "공백"이라고 부르도록 만들고, '무'로 만들어 버린다. 이러한 상황은 친구들과 모임을 갖기로 약속한 카페에서 친구들이 아직 오지 않았음을 확인한 내가 카페에 '아무도 없다'고 판단하는 상황과 동일하다. 분명 카페는 사람들로 가득 차 있지만, 카페에는 지금 아무도 없다. 친구들이 있어야 할 자리를 차지하고 있는 그들은 내가 기대했던 그들이 아니기 때문이다. 친구들을 대체한 그들은 내게 다만 '무'일 뿐이다.

이렇게 "부분적인 무" 관념을 구성하는 핵심적인 요소는 기대와 실망이며, 이것이 베르크손이 "무나 공백과 같은 말로 부정적으로 표현되는 모든 것은 생각이라기보다는 정조(affection)이거나 더 정확하게 말하여 사유의 정조적 채색"이라고 말하는 이유이다.[34] "부분적 무" 관념에는 내가 그 존재를 기대하는 대상(만년필, 친구들)에 대한 관념이 포함되어 있을 뿐만 아니라, 이 대상이 다른 무언가에 의해 대체 되었다는 관념이 포함되어 있으며, 이에 더해 그 대상의 존재에 대한 나의 기대 혹은 욕구가 실현되지 못했다는 실망감이 또한 포함되어 있다. 따라서 ""존재하지 않는" 것으로 생각된 대상의 관념에는 "존재하는" 것으로 생각된 그 동일한 대상의 관념보다 더 적은 것이 아니라 더 많은 것이 포함되어 있다."[35] 그럼에도 지금 나의 관심

---

34 같은 책, 423쪽.
35 같은 책, 429쪽. 우리는 논의의 틀에 맞게 "부분적인 무"에 대한 분석을 다만 구체적인 외부 대상과 관련해서만 소개했지만, 베르크손에 따르면 내적 의식과 관련해서 논의를 진

이 내가 있을 것이라고 기대하는 그것, 내가 욕구하고 선호하는 그것으로 향해져 있기 때문에, 내가 선호하는 대상을 대체해 버린 무언가는 나의 관심을 끌지 않으며, 이러한 이유로 많은 경우 구체적인 무엇으로 특정되지도 않는다. 중요한 것은 내가 선호하는 그것을 지금 여기서 발견할 수 없다는 실망스러운 사실이지, 지금 내 앞에 실제로 있는 것이 무엇인가를 아는 것이 아니다. 그렇게 내가 욕구하는 대상이 무언가 다른 것에 의해 대체되었다는 사실은 무시되고, 대상의 '존재하지 않음'은 단순히 대상의 '존재함'보다 더 적은 관념인 것처럼 여겨진다. 이렇게 무는 존재의 결핍일 뿐인 것으로 여겨지며, 이러한 "부분적인 무"의 가능성으로부터 이제 아무것도 존재하지 않는다는 의미의 "절대적인 무"의 관념이 도출될 수 있다고 생각된다. 그러나 "부분적인 무"는 존재보다 더 적은 것이 아니라 더 많은 것이며, 존재보다 덜 존재하는 것이 아니라 더 존재하는 것이다. 이러한 "부분적인 무"로부터 "절대적인 무"의 관념을 도출할 때, 그 관념에는 필연적으로 존재

행하거나 추상적인 차원에서 논의를 진행한다고 하더라도 결과는 동일하다. 가령 A라는 대상이 실재하지 않는다고 생각해 보자. 어떤 대상을 표상한다는 것은 존재하는 대상을 표상하는 것이지 결코 존재하지 않는 대상을 표상하는 것일 수 없기 때문에(가령 용을 표상해 보라. 이 용은 존재하는 것으로서 표상되는 것이지 존재하지 않는 것으로서 표상되는 것이 아니다), 대상의 비실재성은 해당 대상으로부터 "모든 종류의 존재를 빼앗는 것에서 성립하지 않는다."(같은 책, 428쪽) 오히려 이러한 비실재성은 이 대상의 표상, 즉 이 대상이 존재한다는 표상에 무언가를 덧붙임으로써 성립한다. 여기서는 다른 존재 일반과 이 대상의 존재가 서로 양립할 수 없다는 관념, 즉 존재 일반이 이 대상의 존재를 배제한다는 표상이 덧붙여질 것이다(용이라는 존재는 다른 존재들과 양립할 수 없는 것으로서, 용은 다만 상상으로 존재하는 비실재적인 것일 뿐이다). 어떤 대상 A가 존재하지 않는다거나 실재하지 않는다는 관념에는 이 대상의 존재에 대한 관념에 더하여, 이 대상의 존재가 다른 존재 일반에 의해 배제된다는 관념이 포함되어 있다. ""존재하지 않는" 대상의 관념은 필연적으로 "존재하는" 대상의 관념에, 통째로 취해진 현재 실재에 의한 그 대상의 배제의 표상이 더해진 것이다."(같은 책, 429쪽).

의 관념이 포함되어 있다. "절대적인 무"의 관념은 모순적인 관념이며, 다만 "말"에 불과하다.

6. 죽음과 시간의 지평

이제 다시 죽음의 문제로 돌아오자. 죽음이 직접적으로 경험될 수 없는 것으로서 하나의 관념이라면, 베르크손이 말하는 "부분적인 무"의 관념은 이러한 죽음이라는 관념이 담고 있는 내용과 그것이 형성되는 과정을 정확하게 설명해주는 듯하다.

죽음은 무엇보다 부재, 누군가의 사라짐, "없음", "무"를 의미하며, 이 "무"는 그 누군가의 존재에 대한 나의 모든 기대가 실현될 수 없다는 실망, 좀 더 정확히 말한다면, 그가 살아있음을 보여주는 여러 표시들을 확인하고자 하는 나의 기대가 더 이상 실현될 수 없다는 실망을 그 핵심적인 구성요소로 포함한다. 나는 누군가가 나의 몸짓에 반응하고 나의 부름에 응답하기를 기대하고 욕구하지만, 이 누군가가 어떠한 방식으로도 내게 반응하지 않고 아무런 응답도 하지 않을 때 그가 죽었다고 판단한다. 이러한 죽음에 대한 판단은 단순히 죽어 있는 몸에 대한 지각으로부터 귀결되지 않는다. 지각은 지금 내 앞에 있는 대상에 한정되어 있는 것이지만, 죽음에 대한 판단에는 지금 지각되는 죽어 있는 그의 몸과 과거 살아 있던 그의 몸에 대한 지각, 즉 기억 사이의 비교가 포함되어 있다. 그리고 현재 지각되는 몸으로부터 더 이상 과거 살아 있던 몸이 보여주었던 반응들을 기대할 수 없다고 판단될 때 죽음은 사실로서 인식된다. 우리가 만년필이 망가졌다고 해서 만년필이 죽었다고 말하지 않는 이유는 그 만년필이 망가지기 이전에도 어떠한 삶의 증표를 보여준 바 없기 때문이다. 죽음은 오직 살아 있던 무엇에게만 적용되는 관념이다. 살아 있던 그는 만년필과는 달리 내가 부름에 응답했고 내가 손을 내밀면 마주 잡아주었다. 그는 모든 삶의 표시들을 내게 보여주었고, 죽음에 대한 판단에는 이 살아 있음에 대한 기억과 이 기억에 토대를 둔 기대, 그리고 이러한 기대에 대한 실망, 이 모든 것이 포함되어 있다. 마지막 숨을 멈춘 그를 붙잡고 흔드는 나의 행위는 그가 과거와 마찬가지로 살아 있음을 확인하려는 나의 욕구 혹은 기대를 표현하고, 이러한 나의 행위에 아무런 반응을 보이지 않는 그를 확인한 뒤 터져 나오는 통곡과 눈물은 이러한 기대가 실현되지 못함에 대한 실망, 즉 슬픔을 번역한다.

그런데 이렇게 죽음이라는 관념에 기억으로부터 비롯되는 기대와 그 기대에 대한 실망이 포함되어 있다는 사실은 기억이 과거와 현재 그리고 미래로 구성된 시간의 지평 속에서 성립하는 관념이라는 점을 의미한다. "부분적인 무"에 대해 논하면서 이미 베르크손은 "기억이나 예견을 할 수 없는 존재는 결코 "공백"이나 "무"라는 단어를 말하지 않을 것"[36]이라고 말한 바 있다. 과거를 기억하지 못하고 미래를 예견하지도 못한 채, 오직 현재의 지각에만 즉각적으로 반응하는 생명체에게는 시간의 지평이 존재하지 않으며, 따라서 무의 관념도, 죽음이라는 관념도 존재하지 않는다. 이러한 측면에서, 인간을 제외한 다른 동물들이 행동의 차원에만 머물러 있기 때문에 죽음을 알지 못한다는 베르크손의 주장은 옳다. 다만 동물들이 죽음을 알지 못하는 이유는 그들이 동일한 반응을 야기하는 대상들을 하나의 그룹으로

36 같은 책, 423쪽.

모으고 거기에 이름을 붙일 수 있는 사유의 수준에까지 도달하지 못했기 때문이라기보다는, 그들이 현재에만 매몰된 채 즉각적인 행동만을 하기 때문에, 다시 말해, 과거를 기억하지 못하고 미래를 예견하지 못하기 때문일 것이다.[37]

그러나 죽음과 시간의 지평은 이보다 더 적극적인 관계를 맺고 있지 않은가? 시간의 지평은 다만 죽음의 관념이 성립하기 위한 조건에 불과한가? 사실 "시간이 지나감이며, 무로 향한 미끄러짐이라는 형태의 미끄러짐"[38]이라면, 사라짐은 시간의 지평 속에서 필연적으로 벌어질 수밖에 없는 일이다. 실제로 시간의 지평 속에서 발생되는 모든 것들은 사라진다. 시간의 지평 속에서 모든 것들은 미래로부터 현재로 와서 과거로 빠져나간다. 반면, 기하학적 원리처럼 시간의 지평에서 벗어나 있다고 생각되는 모든 것들은 영원한 것으로 여겨진다. 칠판에 그려놓은 사각형은 차츰 지워지고 결국 사라지겠지만, 그 사각형의 내각의 합이 360도라는 기하학적 사실은 사각형이 칠판에 그려지기 이전에도 그리고 이 사각형이 과거 속으로 사라져 버린 이후에도 영원히 존재할 것이다. 이렇게 사라짐이 과거와 현재 그리고 미래로 구성된 시간의 지평 속에서만 벌어지는 시간의 고유한 현상이라면, 시간의

---

37 물론 베르크손이 말하는 사유의 차원에서 이루어지는 추상과 일반화는 기억하고 예견하는 능력을 포함할 것이다. 그러나 앞서 말했던 것처럼, 죽음이 직접적인 경험의 대상이 아닌 한 『도덕과 종교의 두 원천』에서 제시된 베르크손의 죽음에 대한 논의는 불충분하다. 그의 '무 이론'이 훨씬 죽음이라는 관념을 설명하기에 적합하며, 이러한 '무 이론'으로 죽음이라는 관념을 설명할 때, 이론의 유연성 역시 확보할 수 있다. 가령 동물들이 비록 미미한 수준이지만 기억과 예견을 할 수 있다는 점을 인정한다면(동물들 역시 인간과 마찬가지로 지성의 방향으로 진화한 생명체이다), 인간만큼은 아니더라도 동물들에게도 죽음을 인식할 수 있는 가능성을 인정할 수 있을 것이다.

38 Henry, *C'est moi la vérité*, Seuil, 1996, p. 29.

지평은 다만 죽음이라는 관념이 성립하기 위한 조건에 불과한 것일 수 없다. 그것은 죽음이라는 관념을 넘어, 죽음 자체가 성립하기 위한 조건일 것이다.

7. 탈자적 시간과 죽음

앙리에 따르면, 과거와 현재 그리고 미래로 구성된 시간이라는 지평은 하이데거가 세 가지 탈자(extase)의 형식을 통해 탐구했던 시간이며, 후설이 파지와 근원적 인상 그리고 예지를 통해 그 구성 방식을 보여주고자 노력했던 시간으로서, 현상을 현상으로서 나타날 수 있게 만드는 형식 자체, 즉 현상성을 의미한다. 그런데 이러한 현상성에 의해 나타나는 모든 것들을 오직 가시성의 장 속에서, 즉 나타내는 것과 나타나는 것을 구분하는 "현상학적 거리" 속에서만 나타날 뿐이다. 다시 말해, 시간 속에서 나타나는 모든 것들은 그것이 예상된 것이든 기억된 것이든 지각된 것이든 오직 대-상으로서만 나타날 뿐이며, 이는 후설과 하이데거가 탐구했던 이 현상학적 시간이 "탈자적 시간(temps extatique)", "터져나간 시간(temps éclaté)"으로서 "탈자적 현상성"을 의미하기 때문이다.[39]

실제로 하이데거는 "자기로 향해 옴(Auf-sich-zukommen)"과 "돌아옴(Zurück zu)", "곁에 머묾(Sich-aufhalten-bie)"이라는 세 가지 탈자에 각각 미래와 과거 그리고 현재를 상응시키면서, "시간성이 이런 '자기로 향함', '돌아옴', '곁에

---

39 Henry, "Art et phénoménologie de la vie", *op. cit.*, p. 307.

머묾'에 의해 규정되는 한, 시간성은 자기의 밖에 있다"고 말한 바 있다.[40] "시간은 그 자체가 미래와 과거, 현재로 탈자화"[41]되는 작용이며, 현상들이 나타나기 위한 ""밖"이 지속적으로 그 안에서 자신을 스스로-외재화하는 단일한 과정"[42]을 가리킨다. 시간은 끊임없이 자기 자신을 벗어나 자기 밖에 미래, 과거, 현재라고 불리는 가시성의 장을 펼치고, 이렇게 펼쳐진 가시성의 장 안에서 이제 사물들은 가시적인 무엇으로, 즉 '대-상'으로 나타난다.

그런데 현상학적으로 존재한다는 것이 나타난다는 것을 의미하고, 이때 이 나타남의 방식이 오직 '거리 속에 나타남'으로만 이해되는 한, 가령 "모든 의식은 무엇**에 대한** 의식이다"라는 명제가 최종적이고 유일한 현상학적 진리로 인정되는 한, 현상들의 나타남에 대한 이러한 설명들은 현상들을 나타나도록 만드는 현상성이 "시간"이라고 불리든 "지향성"이라고 불리든 "세계"라고 불리든 사실 본질적인 차이를 갖지 않는다. 그리고 앙리에 따르면, 단 하나의 나타남의 방식만을 인정하는 이러한 현상학적 구도[43] 속에서는 어떠한 실재도 그 자체로서 주어질 수 없고, 자기 자신으로서 나타날 수 없다. 즉 실재로서 존재할 수 없다. 나타내는 것과 나타나는 것이 서로 다른 것으로서 구분되는 한, 여기서 나타나는 모든 것들은 그 나타남의 힘을 자

---

40 Heidegger, *Die Grundprobleme der Phänomenologie, Gesamtausgabe*, Bd. 24, Frankfurt a. M. 1975, p. 377. Grondin, J., *Le tournant dans la pensée de Martin Heidegger*, PUF, 1987, p. 60에서 재인용.

41 *Ibid*.

42 Henry, *C'est moi la vérité, op. cit.*, p. 27.

43 이러한 현상학적 구도를 앙리는 "존재론적 일원론" 혹은 "현상학적 일원론"이라고 부른다. 앙리의 "존재론적 일원론" 혹은 "현상학적 일원론"에 대해서는 조태구, 「미셸 앙리의 구체적 주체성과 몸의 현상학」, 『철학과 현상학 연구』 제72집, 한국현상학회, 2017, 97-102쪽 참조.

신 아닌 다른 것에 의존하고, 그렇게 자신의 존재를 자신과 다른 무엇으로 부터 빌려오기 때문이다. 가령 지금 내가 손에 쥐고 있는 이 만년필은 하나 의 만년필로 내게 나타나지만, 이 만년필을 하나의 만년필로 나타나게 하는 힘은 이 만년필 자체에 있는 것이 아니라 이 만년필을 표상하는 내게 있다. 따라서 만년필은 자기 자신으로 존재하는 한에서 내게 나타날 수 있는 것이 아니라, 오히려 자기 자신으로서 존재하기를 그치고 내가 펼치는 가시성의 장 속에 들어옴으로써 나타날 수 있고 존재할 수 있다. 내게 표상된 이 만년 필은 만년필의 실재가 아니라 만년필이라는 실재에 대한 이미지일 뿐이다.

이제 외부 대상이 아니라 우리 자신을 예로 삼는다면, 지금 설명하고 있 는 현상학적 상황의 의미가 좀 더 직접적으로 드러날 것이다. 과거의 나를 기억해 보고, 미래의 나를 예상해 보고, 지금의 나를 떠올려 보자. 이때 나 에게 표상되는 '나'는 그것이 과거의 것이든 미래의 것이든 현재의 것이든 모두 나 자신이 아니라 나 자신에 의해 표상된 나에 대한 이미지일 것이다. 실재로서의 나는 이러한 이미지들을 표상하는 것으로서 이 이미지들과 구 분되며 언제나 이 이미지들의 밖에 있다. 이 실재하는 나를 나타나게 만들 려고 시도해도 소용없다. 이 표상하는 나, 실재하는 나, 살아 있는 나를 떠 올리려고 하자마자 언제나 새로운 내가 "나타나서" 지금 표상하고자 하는 이 '표상하는 나'를 현재라는 시간의 지평 속으로 밀어 넣고, 그곳에서 나타 나게 만들 것이다. 그러나 이때 나타나는 것은 표상하는 내가 아니라 표상 된 나로서, 더 이상 실재하는 나, 살아 있는 내가 아니라 나에 의해 표상된 나에 대한 이미지일 뿐이다. 탈자적 시간 속에서 "사물들은 그것들 자신에 게서 뜯어내지고, 자신들의 존재로부터 비워내진 채, **이미 죽어야만** 이 "밖"

의 빛 속에서 솟아오른다."[44] 실재하는 나, 살아 있는 나는 탈자적인 시간의 지평 속에서 결코 그 자체로, 즉 살아 있는 것으로서 나타나지 않는다.

그런데 살아 있는 내가 시간의 지평 속에서 살아 있는 것으로서 나타날 수 없다는 이러한 불가능성은 '현재'에 대한 새로운 사유를 요구한다. 내가 살아있다는 것은 내가 자기로서 현재함(présentation)을 의미하며, 이때 이러한 현재함은 현재라는 탈자적 시간의 지평 속에서 가시적인 이미지로 나타남과는 전혀 다른 상황을 의미하기 때문이다. 분명 나는 나의 미래를 예상하고 과거를 기억하며 현재를 표상할 수 있다. 그러나 탈자적 시간의 지평을 펼치는 이러한 활동의 모든 순간에 나는 나로서 현재하고, 이러한 나의 현재함은, 하이데거의 용어를 빌려서 말한다면, 자기 "곁에 머묾"을 의미하는 것일 수 없다. 살아 있는 나는 이 "곁"이라는 현상학적 거리를 만드는 바로 그 순간에도 나의 곁에 머무는 것이 아니라 바로 나 자신으로, 자기로서 현재한다. 현재한다는 것은 자기 곁에 머문다는 것이 아니라 자기로서 존재한다는 것을 말하며, 결코 자기와 분리되지 않는다는 것을 말한다. 이러한 현재함 속에서 나는 나 자신과 어떠한 현상학적 거리도 없이 존재하며, 따라서 이 현재함 속에는 나타내는 것과 나타나는 것 사이의 구분도 없고 형식과 내용의 구분도 없다.[45] 나의 현재함이 곧 나의 현재이며, 이러한 현재 속에서 즉 모든 현상학적 거리가 사라지고 모든 공간성이 빠져버린 이 순수한 내재성 속에서 나는 나 자신과 어떠한 거리도 없이 나 자신을 겪고 또 견디면서 나에게 가시적인 무엇이 아니라, 순수한 질로서 주어진다. 이러한

---

44 필자에 의한 강조. Henry, *C'est moi la vérité, op. cit.*, p. 29.
45 앙리가 말하는 "형식 없는 내용" 혹은 "형상 없는 질료"에 대해서는 조태구, 「미셸 앙리의 질료 현상학」, 『철학논집』 제49집, 서강대학교 철학연구소, 2017, 77-105쪽을 참조.

현재는 순수한 질적 상태이며, 끊임없이 변화하지만 영원히 현재임을 상실하지 않는 현재, "살아 있는 현재"이다.

이러한 살아 있는 현재는 결코 시간의 지평 속에 포함되지 않는다. 역설적으로 들리겠지만 **"시간 속에 현재는 없고, 결코 없었으며, 결코 없을 것이다."**[46] 그리고 이렇게 살아 있는 현재가 탈자적인 시간의 지평 속에 존재하지 않는다는 사실은 어떠한 살아 있는 것도 이 시간의 지평 속에 존재하지 않는다는 사실을 의미한다. 따라서 "죽음은 시간의 도래 이전부터 실존하던 어떤 실재에게 추후에 가해지는 시간의 작업이 아니다."[47] 앙리에 따르면, 과거와 현재 그리고 미래로 구성되어 있는 탈자적인 시간의 지평은 처음부터 자신 안에 어떠한 살아 있는 것도, 삶의 자그마한 조각도 허용하지 않는, 그 자체로 죽음의 장소이다. 삶 혹은 생명을 사유하기 위해서는 완전히 다른 시간성을 사유해야 한다. "지향성 없이 시간성을 묘사해야 하고, 단순한 정조적 변화(devenir affectif)를 묘사해야 한다."[48] 생명은 "항상 변화하는 것이면서 항상 동일한 것"으로서, 끊임없는 변화 속에서도 결코 생명이기를

---

46 앙리의 강조, *C'est moi la vérité*, p. 29. 사실 후설이 시간의 원천점인 "근원적 인상"에 대해 말했을 때, 그는 이미 현재가 시간 속에 부재하게 되는 이런 역설적인 상황을 목격했던 것으로 보인다. 다만 '거리 속에 나타남'이라는 단 하나의 나타남의 방식만을 알고 있던 그는 이러한 상황을 적절하게 설명할 수 없었을 뿐이다. 실제로 후설의 설명에 따르면, 근원적 인상은 그 자체로 나타나는 것이 아니라 과거로 흘러가고 파지될 때, 즉 의식의 대상이 되었을 때에야 비로소 의식에 나타날 수 있다. 그러나 "파지된 음은 현재 울리는 음이 아니라, 바로 지금 "일차적으로 기억된 음"이다."(후설, 『에드문트 후설의 내적 시간의식의 현상학』, 이남인, 김태희 옮김, 서광사, 2020, 123쪽) 근원적 인상은 시간을 구성하는 원천점으로서 가장 순수한 현재이지만, 정작 그것은 내적인 시간의식 속에 그 자체로 나타나지 않는다.

47 Henry, *C'est moi la vérité, op. cit.*, p. 30.

48 Henry, "Art et phénoménologie de la vie", *op. cit.*, p. 307.

그치지 않는 순수한 질적 운동 그 자체이기 때문이다.[49]

8. 죽음과 삶

지금까지 우리는 장켈레비치가 말하는 2인칭의 죽음에 대한 논의를 통해 죽음을 직접 체험할 수 있는 가능성을 살펴보았고, 베르크손의 무 이론을 통해 죽음이라는 관념이 어떤 내용을 가지고 있으며, 어떻게 구성될 수 있는 살펴보았다. 그리고 앙리의 탈자적 시간에 대한 비판을 통해 시간이라는 지평이 다만 죽음이라는 관념이 성립하기 위한 조건일 뿐만 아니라 죽음 자체가 성립하는 죽음의 장소 그 자체일 수 있다는 점을 보았다.

사실, 미래와 과거 그리고 현재로 구성된 이 시간이라는 지평은 베르크손이 "공간화된 시간"이라고 부르고, 앙리가 "탈자적 시간" 혹은 단순히 "세계"라고 부르는 것으로서 진정한 시간이 아니며, 시간이라기보다는 차라리 공간이다. 이 두 철학자들 모두에게 진정한 시간은 나의 밖에 미래와 과거로 끝없이 펼쳐져 있는 지평이 아니라, 모든 과거를 보전하면서 미래로 침투해 들어가는 변화의 운동, 끊임없이 변화하지만 자기 자신임을 잃지 않는 창조의 운동 자체를 말한다. 그리고 이 두 철학자들은 모두 이러한 운동을 생명이라고 불렀다. 시간의 지평은 과거를 보전하고 미래로 나아가는 이러한 운동이 산출해내는 표상이거나(베르크손) 다른 방식으로의 나타남(앙리)일 뿐이다. 좀 더 본질적인 것은 진정한 시간, 즉 생명이며, 시간의 지평은 이러

---

49 Henry, *Phénoménologie matérielle*, PUF, 1990, p. 54.

한 생명에 자신의 존재를 의존하는 이차적인 산물일 뿐이다.

그렇다면 이제 끝으로 다음과 같은 질문이 제기될 수 있다. 과연 생명은 사라질 수 있는가? 다시 말해 생명은 죽을 수 있는가? 이러한 질문은 사라짐이 시간의 탈자적 지평 속에서만 발생하는 현상이라는 점을 인정하고, 생명은 이러한 지평의 토대로서 자신이 설립한 이 시간이라는 지평의 밖에서 성립한다는 점을 사실로서 인정할 때 정당하게 제기된다. 그리고 베르크손은 심리학이 밝혀낸 과학적 사실들을 근거로 생명체 내부에서 활동하는 생명, 즉 그가 의식이라고 부르는 것이 영원히 사라지지 않을 수 있다는 개연성을 제시했고, 앙리는 현상학적 분석을 통해 오직 "살아 있는 현재"로서만 존재하는 생명은 영원히 사라질 수 없다고 단적으로 선언했다.

그러나 이러한 형이상학적 결론들이 죽음의 실재성을 부정하는 데에 이르는 것은 아니다. 오히려 생명이 사라지지 않을 가능성, 좀 더 익숙한 표현으로, '영혼의 불멸성'을 말하는 이러한 결론들은 죽음을 직접 체험할 수 있는 어떤 가능성을 열어 놓는다. 가령 베르크손에게 물질의 운동과 생명의 운동이 만나 이루는 일시적인 균형이 생명체로 정의되고 죽음은 이런 균형의 무너짐을 의미한다고 할 때, 의식이 이러한 균형의 무너짐과 함께 사라져 버리는 것이 아니라 존속하는 것이라면, 이제 이러한 균형의 무너짐은, 즉 죽음은 의식이 직접적으로 체험할 수 있는 무엇이 될 것이다. 또한 앞서 인용했던 것처럼 앙리는 "죽음은 없다"고 단적으로 선언했지만, 그가 "없다"고 말한 것은 생명의 사라짐 혹은 중단이라고 정의되는 죽음이었을 뿐이다. 그의 강조점은 '죽음의 불가능성'에 있는 것이 아니라, '생명의 영원성'에 있다. 실제로 앙리는 "죽음은 없다"고 말한 뒤 곧바로 다음과 같이 덧붙인다.

"죽음은 없다, 혹은 그때 죽음에 대해 완전히 다르게 말해야만 한다."[50] 앙리에게 죽음은 생명의 사라짐과는 다른 어떤 것이며, 아마도 그것은 여전히 살아 있는 생명이 기존과는 다른 방식으로 세계 속에 나타나게 됨을 의미할 것이다.

그런데 우리는 우리가 죽었다고 생각하는 누군가가 비록 기존과는 다른 방식이지만 여전히 우리에게 나타나고 있음을 실제로 체험하지 않는가? 베르크손의 저서에서, 레오나르도 다빈치와 칸딘스키의 그림에서, 라흐마니노프의 교향곡에서 우리는 무엇을 읽고, 보고, 듣는가? 인쇄된 활자들과 배치된 선과 색상, 나열된 음들 너머에서 우리는 그 모든 것을 관통하여 하나로 엮는 거장들의 사유의 운동을, 생의 약동을 체험하지 않는가? 꼭 거장들만을 말할 필요는 없다. 이미 이 세상에서, 이 시간의 지평에서 사라져 버린 내가 사랑했던 누군가가 그가 남긴 편지로 인해 문득 내게 기억될 때, 다만 과거의 표상으로 기억되는 것이 아니라 생생한 현재로서 살아나 나의 삶을 뒤흔들 때, 그때 분명 그는 나와 함께 살아있다. 그는 죽었지만 죽지 않았다. 죽음은 관념일 뿐이고 삶에 대한 나의 기대와 그 기대에 대한 나의 실망이 결합된 사유라기보다는 정조, 다만 슬픔일 뿐이다. 그 슬픔, 모든 지평이 지워지고, 모든 공간성이 빠져 버린 그 순수한 질 속에서 나는 그에게 닿는다. 장켈레비치가 말한 "최소 거리"는 삶과 죽음 사이의 거리가 아니다. 그것은 오히려 삶과 삶 사이의 거리일 것이다.

50 Henry, "Art et phénoménologie de la vie", *op. cit.*, p. 308.

현상학의 자아와 죽음[*]

—후설의 초월론적 자아, 유한성, 그리고 죽음

최우석
_ 경희대학교 인문학연구원 HK+통합의료인문학연구단 HK연구교수

[*] 이 글은 저자의 역서 "『후설의 윤리학과 상호주관성』, 자넷 도노호 지음, 모시는사람들 2021"에 수록된 소개글의 일부를 발췌하여 수정·보완하였다.

1. 정적 현상학과 발생적 현상학

후설(E. Husserl)의 현상학은 과학적 객관주의, 실증주의, 주관적 심리학주의, 상대주의, 그리고 회의주의를 극복하는 철학사상이다. 이러한 극복을 위해 후설은 탐구되는 대상을 더 철저하게 근원에서부터 이해해야 한다고 보았다. 탐구 대상을 근본에서부터 명확하게 파악하기 위해 현상학은 주관을 배제한 객관(객관주의, 실증주의)만을 주시하지 않는다. 그렇다고 객관을 배제한 주관(주관적 심리학주의)만을 살피지도 않는다. 현상학은 명징하고도 확실하게 탐구대상을 이해하기 위해 여타 학문들과는 다르게 의식의 지향성에 따른 주관과 객관의 '상관성'에 주목한다.

잘 알려졌다시피 후설의 현상학은 '지향성'(intentionality)을 핵심 개념으로 두고 있다. 후설이 볼 때 지향성에 따른 대상이해야말로 탐구 대상을 근원에서부터 철저하게 확인하는 근본적 태도이다. 후설의 현상학은 "대상은 주관을 배제한 채 결코 이해될 수 없다"는 공리로부터 출발한다.[1] 대상은 의식

---

1 E. Husserl, *Die Idee der Phänomenologie. Fünf Vorlesungen*, ed. Walter Biemel, Den Haag: Martinus Nijhoff, 1950, pp. 53-63. Hua II, 55-63; 이후 다른 후설의 저서에 대한 각주 표기는 Kluwer Academic Publishers, Dordrecht/Boston/London에서 출간되고 있는

과의 연관성 속에서 주어지기에, 의식에 주어진 사태를 고찰하는 주관의 의식은 근본적으로 지향적이다. 지향성을 기초로 의식에 주어지는 사태가 명징하게 파악될 수 있다고 본 후설은 자신의 믿음을 죽을 때까지 포기하지 않았다. 한마디로 의식에 상관하는 대상의 본질을 통찰할 수 있다고 보았던 후설에게 현상학은 타당하고 명징한 대상 이해를 수립하는 학문이자 상대주의와 회의주의를 극복하는 철학이다.

대상과의 상관성에 따라 의식에 주어진 탐구의 사태를 주목하는 현상학은 의식으로부터 구성되는 내용을 중요하게 여긴다. 이러한 태도를 기초로 삼는 현상학은 '정적 현상학'(static phenomenology)과 '발생적 현상학'(genetic phenomenology)이라는 두 얼굴을 가지고 있다.[2] 지향성 연구 방식에 따라 현상학은 대상에 대한 의식을 기술하여 분석하는 '기술적 심리학'(descriptive phenomenology)을 넘어 "더 많이 사념함"이라는 초월론적 태도를 통해 대상을 구성하는 '구성적 현상학'(constitutive phenomenology)으로 나아간다. 정적 현상학과 발생적 현상학은 구성적 현상학의 두 가지 모습이다.

대상의 상관자로 있는 의식은 초월적으로 자기 동일적인 대상을 구성함으로써 대상의 본질을 파악하는데, 이때 정적 현상학은 초시간적이며 논리적으로 보편타당한 '타당성 정초의 보편성'의 구성에 관한 것이다. 분석 대상의 다양한 층위들 간의 타당성 정초 관계에 대한 기술이라는 점에서 정적 현상학은 의식의 객관화 작용을 통한 보편성 정초와 형식적 동일성을 지향한다. 이에 따라 정적 분석은 대상성 일반이라는 본질이 구체적인 개별성을

후설 전집의 순서를 따라 저자를 생략한 채 약호로서 'Hua'를 적고 이어서 전집 권수를 로마숫자로, 인용 쪽수를 아라비아 숫자로 표기한다.

2   이남인, 『현상학과 해석학』, 서울대학교출판문화원, 2013, pp. 311-328.

넘어 초월론적 차원에서 구성될 수 있다는 사실에 입각한다. 후설은 의식의 사실로서 직관되는 대상의 본질 파악을 주목하는 현상학이야 말로 형상적 학문으로서의 지위를 가진다고 보았다. 예를 들면, 수학과 논리학의 근본 구조는 정적 현상학적 분석으로 해명될 수 있는데, '2+3=5'와 같은 진리는 주관의 심적 작용의 결과만으로 혹은 주관과 상관없이 객관적으로 존재하는 결과만으로 볼 수 없는 의식의 상관성 속에서 초시간적 보편성을 띠는 것이다.

정적 현상학과는 달리 발생적 현상학은 '발생적 정초의 타당성'에 관한 것이다. 이에 따라 발생적 분석은 의식의 구성에서 시간 흐름의 근원적 생성을, 즉 발생적으로 기능하는 '동기'(motivation)들을 살핀다. 의식의 어떤 체험은 다른 체험을 들어서게 하는 동기를 부여한다. 예를 들어, 날씨가 더워 시원한 아이스커피를 즐기고자 했다면, 커피를 즐기는 체험의 동기는 더위를 피하려는 데에 있다. 동기 관계를 살핌으로써 발생의 타당성 정초를 지향하는 발생적 현상학은 시간적 발생의 원본적인 토대를 향하고 있다. 다시 말해, 발생적 현상학은 초월론적 주관의식의 "더 많이 사념함"[3]을 통해 체험의 동기 관계에 따라 침전된 층의 구조들의 근원으로 되물어 가는 것이다. 이에 따라 발생적 분석은 의식으로부터 생성된 동기가 무엇인지를, 침전된 역사성을 지니는 체험들의 동기가 시간적 연관 속에서 어떤 방식으로 수립되었는지를, 더 나아가 자신을 둘러싼 친숙한 문화, 환경 등은 의식의 구성에 어떤 위상을 지니고 있는지를 모색한다. 타당성의 발생적 기원을 추적하며 대상을 명징하게 확보하려는 발생적 분석은 시간 속에서 침전된 결

---

3 이남인, 위의 책, p. 74.

과물 가령, 자기 자신뿐만 아니라 타인, 역사, 문화나 환경, 친숙함, 습관성, 무의식, 본능 등을 탐구의 대상으로 고려한다.

2. 두 얼굴의 현상학

앞에서 언급한 정적 현상학과 발생적 현상학은 후설의 초월론적 현상학의 통일된 체계를 구성하는 두 가지 모습이다. 달리 말해, 후설의 현상학은 두 가지 모두 망라하는 철학이다. 현상학은 세계에 관한 구성을 이 둘의 유기적인 상호 보완성의 분석으로 통일된 체계를 갖춘다. 여기서 주의해야 할 점은 정적 현상학이든 발생적 현상학이든 어느 하나만이 현상학 본연의 모습을 대표하지 않는다는 사실이다. 현상학은 정적 분석을 통해 통일성을 갖춘 '존재'의 영역에 대한 초시간적인 형식적 보편타당성을 추구하는 동시에, 발생적 분석으로 '생성'에 대한 질료의 발생적 다면성을 해명한다. 정적 현상학이 명료한 지향적 체험을 기준으로 타당한 인식의 관점에서 더 근원적인 타당성을 정초한다면, 발생적 현상학은 대상소여의 방식에서 시간적으로 먼저 주어지는 지향적 체험을 기준으로 더 근원적인 발생의 타당성을 정초한다. 동일한 사태에 대해서도 현상학적 태도 변경에 따라 탐구 대상의 해명이 달라질 수 있는 만큼, 후설의 초월론적 현상학은 정적, 발생적 현상학 중 어느 하나가 나머지를 포섭하는 것도, 서로가 상부와 하부의 위계질서로 있는 것도 아니다. 초월론적인 구성적 현상학은 탐구 대상에 관한 이해를 이 둘의 상호적 연관성에서, 즉 정적 분석과 발생적 분석을 종합하는

데에서 대상의 이념의 보편성을 정립한다.[4]

후설의 현상학은 정적 현상학과 발생적 현상학으로 나뉘지만, 두 분석 방법의 유기적 이해는 필수적이다. 이러한 사실이 강조되는 이유는 그동안 많은 철학자들이 정적 현상학의 모습을 후설의 현상학 전체의 모습으로 오해했기 때문이다. 후설의 초월론적 현상학은 두 얼굴을 지녔음에도 불구하고 한 측면(정적 현상학)만이 마치 현상학의 전체 모습으로 오해되어 왔다.

이와 같은 오해가 발생한 데에는 여러 이유가 있겠지만, 그중 한 가지의 원인을 생각해 본다면 최초의 주저인 『논리연구』를 통해 드러난 모습만이 후설의 철학적 기획의 전부라고 간주된 데에 있다. 이념적 대상을 심리적 과정으로 환원하는 심리학주의를 비판하면서 커다란 반향을 일으켰던 후설의 정적 현상학적 기획은 발생적 현상학적 분석을 도모하는 맹아를 지니고 있었지만, 많은 사람들은 정적 현상학만을 후설 철학으로 간주하였다. 그의 넓은 스펙트럼은 가려진 채 대부분의 사람들은 초기 탐구 방식만이 후설의 현상학의 전체 모습이라고 오해했다.[5] 이와 같은 잘못된 이해가 초래된 데에는 후설이 구성적 철학의 정적 현상학적 탐구 방식을 끝까지 붙들고 있었다는 점도 한몫 한 것으로도 보인다. 분명한 것은 후설의 현상학은 반드시 정적 현상학과 발생적 현상학의 상호 유기적인 이해 속에서 탐구되어야 하는 철학사상이라는 점이다.

4 Donn Welton, "The Systematicity of Husserl's Transcendental Philosophy: From Static to Genetic Method", *The New Husserl: A Critical Reader*, ed. Donn Welton, Indiana University Press, 2003, pp. 255-282.

5 Janet Donohoe, *Husserl on Ethics and Intersubjectivity: From Static to Genetic Phenomenology*, University of Toronto Press, 2016, pp. 11-12.

후설의 현상학의 초월론적 자아가 취해야 할 실천적 측면도 이와 같은 관점에서 이해된다. 후설의 현상학적 윤리도 두 분석 방법의 유기적 이해 속에서 체계를 갖추고 있다. 특히 윤리를 고찰하는 데에 있어 후설 현상학의 발생적 현상학적 분석으로의 방법론적 전환은 파급적인 효과를 산출했다.[6] 브렌타노(F. Brentano)의 사상에 힘입어 정적 현상학적 방법론에 따라 발전시킨 후설의 초기의 형식주의적 윤리는 발생적 현상학적 방법론으로 한층 보완된다. 중요한 점은 계속해서 강조한 것처럼, 발생적 분석에 따른 윤리의 논의가 정적 분석으로 제시된 형식주의 윤리를 보완한다고 해서 초기의 형식주의 윤리가 폐기되어야 할 윤리 이론으로 간주되어서는 안 된다는 것이다. 이는 사태에 대한 태도 변경에 따라 대상의 명징한 이해가 달라질 수 있듯, 현상학적 윤리 이해도 정적 분석과 발생적 분석의 유기적 관계에 따라 추구되어야 한다는 것을 뜻한다. 한마디로 현상학적 윤리 논의는 후설의 현상학적 방법론과 궤를 같이한다. 두 얼굴을 가진 후설의 현상학은 근본적으로 정적 현상학과 발생적 현상학의 유기적 이해 속에서 고찰되어야 하며, 이에 따라 의식의 구성의 중심인 초월론적 자아 역시 정적, 발생적 분석으로부터 이해되어야 한다.

3. 초월론적 자아의 시간의식

놓치지 말아야 할 점이 있다면, 현상학이 의식의 상관성에 입각하여 초월

---

6 Donohoe, 위의 책, p. 179-180.

론적 구성으로 대상 이해를 도모하는 만큼, 초월론적 자아의 의식의 심층적 구조를 살피는 일은 현상학이 출발하는 근본적 태도라는 사실이다. 그러한 태도가 반드시 취해져야 할 사안이라면, 의식의 시간성에 대한 고찰은 불가피하다. 왜냐하면 의식의 체험과 구성은 시간을 떼어놓고 논의될 수 없기 때문이다. 이러한 사정에 따라 우리는 후설의 시간론의 핵심만이라도 살펴야 한다. 차후에 상술하겠지만, 시간론과 함께 이해되는 후설의 초월론적 자아는 죽음과 같은 한계사건을 체험하는 유한자로 의식된다.

앞서 우리는 후설 현상학의 정적 특징과 발생적 특징을 살폈고, 이에 대한 유기적 이해를 강조했다. 이와 같은 유기적 이해에서 후설의 시간론은 반드시 들여다 봐야 할 작업으로 있다. 시간에 대한 후설의 철학적 관심은 평생에 걸친 연구를 통해 유지되고 심화되는데, 후설의 시간 논의 역시 정적 현상학으로부터 발생적 현상학에 이르는 일련의 과정에서 수정-보완됨으로써 통일된 체계를 갖춘다.

후설의 시간 논의는 시기적으로 볼 때 다음과 같이 구분된다.[7] (1) 1883년에서 1905년까지 '시간강의'에서 논의된 시간론, (2) 시간에 대한 '후속 강의'에서 드러난 시간론, (3) 1917년에서 1918년 사이의 '베르나우 원고'에서 드러난 시간론, 끝으로 (4) 1929년에서 34년까지 논의된 'C-원고'에서 기술된 시간론으로 분류된다.[8] 큰 틀에서 거칠게 분류한다면, (1)과 (2)는 정적 분석에 입각한 시간 논의가, (3)과 (4)는 발생적 분석에 입각한 시간 논의가 제시된다고 볼 수 있다. 정적, 발생적 분석의 관계처럼, 시간의식에 대한 논의의

---

7 김태희, 『시간에 대한 현상학적 성찰』, 필로소픽, 2014, pp. 25-36.
8 베르나우 원고는 2001년에 후설전집 33권으로, C-원고는 2006년에 후설전집 8권으로 출간된 상태이다.

발전 과정을 추적하면 정적 시간 분석과 발생적 시간 분석의 상호 유기적 관계에 있는 시간론의 통일적 체계가 드러난다. 시간론에서 파지의 이중지향이, 즉 종단 지향성과 횡단 지향성이 서로 분리불가능하게 통일되어 있다는 사실처럼, 정적 시간론과 발생적 시간론은 따로 분리되어 어느 하나만이 시간론의 본연의 모습을 갖추고 있지 않다.[9]

정적 현상학적 분석의 방법에 따라 초기의 시간 연구는 주관적 시간의식이라는 내재적 영역에 주목하며 주관적 시간의식을 가능하게 하는 절대의식에 집중한다. 정적 현상학에서 절대의식은 각 현상들의 차원에서 통일성을 부여하는 형식으로서 '파지-근원인상-예지'라는 시간의식의 형식을 띠고 있다. 현재의 지각은 시간의 흐름 속에 있을 수밖에 없는데, 이러한 흐름에서 '파지'(retention)란 시간이 흐르면서 의식으로부터 완전히 사라지는 것이 아니라 과거의 것이라는 변양된 형태로 유지되는 것이다.[10] 지각은 근원인상으로부터 파지에 파지를 거듭해서 이어지는 과정으로 진행된다. 파지와 달리 '예지'(protention)란 근원 인식으로부터 기대되는 것의 충족으로 드러나는 것이다. 인상은 예지의 충족이라고 할 수 있는데, 미래에 대한 직접적 의식으로서 예지란 의식에 현출할 것을 예상하는 것이다. 후설은 시간론의 초기 분석에서 예지를 파지가 뒤집어진 것으로 이해했으나 이후 베르나우 원고에서는 예지가 집중적으로 고찰되면서 의식의 흐름에서 예지의 중요성이 부각된다. 파지가 '지각되었음'의 의식이라면, 예지는 '지각 될 것'에 관한 의식인데, 이때 예지 자체는 이미 지나갔다는 표상도 포함하고 있는

---

9 김태희, 위의 책, pp. 15-24.
10 Hua X, 65.

것으로서 파지와 독특한 방식으로 서로 교착되어 있다. 후설에 따르면 파지 속에 과거의 예지의 연쇄가 현재까지 연결되어 있는데, 파지와 마찬가지로 예지도 현재의 시간 위상 속에 속하며 현재의식의 생생한 명징을 드러내는 "감춰진 지향성"이다.[11]

정적 시간 분석은 초월론적 자아의 영원성을 이해하는 데에 필수적이다. 왜냐하면 후설의 현상학이 의식작용과 의식 대상의 상관성에 입각한 구성의 현상학을 지향한다면, 그와 같은 구성을 통한 본질 통찰이 의식으로부터 나오기 마련인데, 이때 본질 통찰은 근본적으로 시간의식과 결부되어 있기 때문이다. 정적 시간론에서 근원적 시간의식으로서 절대의식이 강조되는 만큼, 직관하며 본질을 드러내는 의식의 구성작용은 정적 현상학의 기준점이자 형상 통찰의 축으로서 절대의식을 강조한다. 동일성의 극인 자아의 자기 정체성은 절대의식을 빼고서 논의될 수 없기에 후설에게 정적 시간론에서 절대의식은 보편성과 영원성의 형식적 의미를 지닌다. 그와 같은 절대의식이 없다면, 형식적 통일성을 부여하는 '파지-근원인상-예지'라는 형식도 없으며, 인식작용과 상관하여 드러나는 인식 대상의 파악도 확보될 수 없다. 한마디로 정적 현상학적 시간의식 분석에서 초월론적 자아는 파지의 지향성 혹은 예지의 충족을 통해 시간을 구성하는 절대의식이다. 이에 따라 근원의식의 형식적 동일성과 절대성은 세계 이해의 근본적인 출발점으로서 초월론적 자아의 통일성과 단일성을 이해하는 단초를 제공한다. 이와 같은 관점에서 초월론적 자아는 절대적으로 영원하다.

후설의 현상학이 정적 현상학과 발생적 현상학의 상호보완적 관계에서

11 Hua XI, 326.

도모되듯, 발생적 분석으로 탐구되는 시간 논의도 후설의 초월론적 자아의 특징을 이해하는 데에 필수적이다. 발생적 시간 분석에서 파지와 예지의 충족으로서 절대의식은 "파지된 예지에 대한 충족으로서만 현전된다"라는 사실에서 논구된다.[12] 정적 현상학에서 초월론적 자아가 과거, 현재, 미래라는 시간 형식을 구성하는 절대의식으로 나타난다면, 발생적 현상학에서 초월론적 자아는 "능동적인 삶의 다양한 획득물들"[13]로서 '침전' 대상과 역사의 체험을 함축하는 유한자로 드러난다. 발생적 시간의식은 초월론적 자아의 발생적 기원을 되물어 감으로써 자아의 시작과 끝을, 더 나아가 자아의 질료적 선소여의 관계를 탐구할 때 드러난다. 발생적 시간의식에 관한 탐구는 핵심적으로 초월론적 자아의 의식이 근원적으로 상호주관적 시간성으로 있음을 드러낸다.

상호주관적인 시간성은 순수한 자기현전에만 주목하지 않고 개방성을 향한 미래 차원에 대한 지평을 확장시킨다. 정적 현상학에서 초월론적 자아는 역사성을 뺀 절대의식으로서 시작과 끝을 가지지 않는 형식적 영원성으로 이해된다면, 발생적 현상학으로부터 논구되는 초월론적 자아는 원초적 영역에서부터 현재적 위상뿐만 아니라 비현재적 시간성도 시간의식을 구성하고 있음을 알린다. 시간의식의 근원인상이 "파지된 예지에 대한 충족으로서 현전"이라면, 의식의 현전을 위해 파지뿐만 아니라 예지의 무한한 계열이 이미 선행되어야 하는데, 이와 같은 무한소급은 초월론적 자아의 직관의 충만함이 최고에 달하는 기점을 중심으로 점점 소멸하는 방식으로 진행

---

12 김태희, 「초월론적 자아의 유한성: 후설의 '한계사건' 분석을 중심으로」, 『철학사상』, 40, 서울대학교철학사상연구소, 2011, p. 145.
13 Hua VI, 118.

된다는 사실을 밝힌다. 발생적 현상학의 시간의식은 이처럼 침전되어 잠기는 형태로 있는 시간의 위상들에, 즉 파지와 예지의 무한연쇄의 소멸성 속에서 침전된 질료적 내용에 주목함으로써 초월론적 자아의 유한성뿐만 아니라 역사성을 드러낸다. 왜냐하면 소멸된 파지와 선행된 기대 충족으로서의 예지는 침전된 역사성으로 구축되는 것이기 때문이다. 이같은 맥락에서 개별 자아의 초월론적 의식은 살아있는 현재로서 역사적 지평 속에서 드러난다. 이때 드러난 지평은 구성의 근원적 차원이 이미 선술어적 차원 속에 있음을, 다시 말해, 이미 자아는 초월론적으로 타자들과 함께 있음을, 한마디로 자아 자신과 타자는 세계가 구성되기 전에 이미 함께하고 있음을 알린다. 이에 따라 후설은 구성의 순서 중 첫째가 타자라고 강조하는데,[14] 자아와 타자가 연결되어 있는 근원적 차원은 우리가 이미 초월론적으로 세계 안에 있는 상호주관적인 '공존재'(共存在)임을 드러낸다.

4. 상호주관성, 무한성, 유한성

후설의 발생적 현상학은 세계를 구성하는 초월론적 자아의 근본 양상이 상호주관적임을 드러낸다. 앞서 우리는 자아의 초월적 양상이 상호주관적임을 시간의식에 대한 개론적 이해와 함께 살펴보았다. 정적 현상학적 분석은 형식적 자아의 영원성에 집중한다면, 데카르트적 관점에서 출발하여 이로부터 멀리 나아간 후설의 현상학적 운동은 발생적 분석과 함께 순수한 자

---

14 Hua I, 153.

아의 발생적 기원을 추적함으로써 초월론적 자아의 근원적 양상으로서 상호주관성을 드러낸다. 구성하는 자아가 상호주관적이라는 사실은 의식작용의 중심이 자아만을 가지고 논구될 수 없다는 사실을 가리킨다. 발생적 분석으로부터 드러나는 사실은 의식작용이 이미 타자와 관계되어 있다는 점이다. 무수한 파지의 침전과 선행하는 예지의 기대 충족은 초월론적 자아의 구성의식이 역사적 지평과 함께 선술어적 세계 속에 있을 수밖에 없다는 점을 알린다. 이 같은 초월론적 자아의 양상은 자아의 자기 이해와 함께 수많은 자아들이 선행하고 있는 세계를 이해하도록 돕는다.

상호주관성은 자아에 선행하는 타자를 필연적으로 요청한다. 후설은 "일반적 상식에서 자아-의식이 등장하기 위해 필수적인 게 무엇인가? 명백히도 인간의 의식은 실제로 드러나는 신체, 그리고 상호주관적인 신체, 상호주관적 이해를 요구한다."라고 밝히며 초월론적 자아의 근본 양상이 상호주관적임을 강조한다.[15] 상호주관성은 구성의 순서가 자아가 먼저라고 이야기하던 종래의 정적 분석을 넘어서 타자가 우선한다는 발상의 전환을 가져다준다. 이는 타자란 자아에 대립해서 있는 것이 아니라 오히려 자아와 함께 세계를 구성하며 공동체를 이룬다는 뜻이다. 구성의식의 심층적 차원에서 자아는 이미 타자와 함께 형성하고 있는 공동체로부터 결코 고립되어 있지 않다.

초월론적 자아는 구성의 무한성(정적분석)을 띠면서도, 유한성(발생적 분석)을 띠는 이중성을 지닌다. 초월론적 자아는 무한한 보편 형식 속에서 자신의 단일성을 지니면서도 흐르는 시간 속에서 성장하며 자신만의 체험으

---

15 Hua IV, 290/303.

로 인격성을 갖는 유한자로서 자신의 통일성을 형성한다. 세계를 구성하는 대상의 통찰이 의식으로부터 발견된다면 인류적 차원에서 볼 때 초월론적 구성의식은 무한하다. 다만, 공동체로부터 고립되지 않은 초월론적 의식의 보편성은 무한하더라도 개별 자아의 출생과 죽음, 소멸은 유한하다. 각각의 개별 자아는 이미 상호주관적이기에 서로가 서로에 대해 의미를 가짐으로써 상호적으로 보편성을 획득한다. 게다가 직접적으로 경험할 수 없는 죽음 그 자체를 초월론적 반성의 대상으로 갖고 있지 않기에 형식적 차원에서 초월론적 자아는 무한하다. 이러한 관점에서 후설에게 초월론적 자아는 한편으로 "불멸성"으로 이해된다.[16] 초월론적 자아는 그러한 무한성으로 있다. 후설의 초월론적 자아는 "죽지도 않고 탄생하지도 않는다. 그것은 생성에 있어서 영원한 존재이다"[17]

후설의 초월론적 자아의 구체적 논의를 위해서라면 영원성 이해만으로는 충분하지 않다. 정적 분석은 초월론적 자아의 이해를 형식적 차원에서 추상적으로 이해함으로써 개별 자아의 구체성을 도외시하는 것이 특징이다. 초월론적 자아는 의식의 흐름의 시작(출생)과 중단(잠)과 끝(죽음)을 갖고 있다. 초월론적 자아의 이와 같은 유한성을 드러내는 체험을 "한계사건" (Grenzfall)[18]이라고 부르는데, 후설은 한계사건으로서 '출생'(birth), '잠'(sleep), '죽음'(death)을 발생적 분석과 함께 논구한다. 초월론적 자아는 한계사건들을 통해 자신의 유한성을 의식한다. 자아의 삶의 균열과 단절은 이러한 한계 사건을 통해 경험된다. 이러한 사건들에 둘러싸여 있는 유한한 존재로서

16 Hua XI, 377.
17 Hua XI, 381.
18 Hua XLII.

의식하는 게 곧 자아이다.[19]

초월론적 자아는 발생적으로 선행하는 타자의 우선성 속에서 보편적인 "세계성"을 의식할 수 있지만, 동시에 전수받은 침전된 습관성과 전통으로부터 자신의 유한성도 자각할 수 있다. 삶의 시간을 의식하는 초월론적 자아는 침전된 습관성으로부터 자아 자신의 출생과 죽음을 확인한다. 자아는 타자의 자리가 자아의 자리보다 앞서 있다는 사실을 이해하며 자기반성의 과정에서 자아는 여전히 자신을 둘러싼, 자신의 과거를 형성하고, 전통을 형성하고 있는 환경 세계 안에 있는 유한자임을 경험한다. 타자의 선재성은 환경 세계의 지평에서 구성되는데, 자아는 타자와 한 데 뒤섞이며 의식적 차원뿐만 아니라 의식적이지 않은 차원에서 수동적 종합을 이루며 타자와 어울려 지낸다. 타자는 자아의 근원적 영역에서 이미 연결되어 있기에 타자를 구성하며 이들을 알아가는 자아는 이미 자신이 출생과 죽음 속에 있는 존재라는 사실을 깨닫는다. 자아의 초월론적 상호주관성은 자아 자신의 출생과 죽음의 구도를 이미 알리고 있다. 달리 말해, 자아의 탄생과 소멸은 살아 있는 존재이자 인격적 존재인 나 자신의 경험이며, 더 나아가 "인간 존재가 태어나거나 죽는다는 사실로"[20] 경험되는 것이다. 죽음과 탄생 속에서 만들어진 역사적 전통은 역사적 의미이자 형성된 침전물이다. 자아는 이러한 침전물 속에서 세계 의미를 구성한다. 초월론적 자아는 자신의 영원성과 유한성을 의식하면서 자신의 통일성을 형성하는 존재이다. 이처럼 후설의 현상학은 본질 통찰을 추구하는 철학으로서 형식적 보편성을 지향하지만 이

---

19 김태희, 앞의 논문, p.149.
20 Hua XV, 209.

러한 가능성을 인간의 유한성을 긍정하는 태도 속에서 간구한다. 알려진 것과는 다르게 후설의 현상학은 유한성에 주목하는 철학 사상이다.

후설은 세계 구성과 관련하여 자아의 탄생과 죽음에 대한 이해의 중요성을 수많은 원고에다 남겼다. 후설에게 죽음은 세계 구성을 알아가는 데에 "필수적"으로 확인되어야 할 주제이다.[21] 왜냐하면 상호주관성으로부터 전개되는 후설의 한계사건의 체험은 죽음이 상호주관적 세계 구성을 이해하는 중요한 요소로 있기 때문이다. 세계 구성은 개별 자아를 넘어서 확장되는 것으로, 개별자들의 출생에 선행하는 것이자 이들의 죽음 이후에도 지속되는 것이지만, 상호주관성 속에서 세계를 구성하는 의식작용의 유한성은 개별 자아의 실존적인 구체적 상황을 살피게 하기 때문이다. 출생에서부터 죽음에 이르는 개별 자아는 스스로를 한 사람의 인간으로서 제한된 과거와 미래 속에서 유한성을 의식한다. 제한된 시간성 속에 있는 개별의식 또한 공동체가 지향하는 보편적 의미를 구성하는 작용을 실행한다. 이와 같은 유한성의 자각이 상호주관성의 참된 의미를 드러내는 단초를 이룬다고 할 수 있다.

5. 초월론적 자아의 죽음

거듭 강조하지만 발생적 현상학적 분석은 초월론적 자아의 출생과 죽음의 역사성을 드러낸다. 자아의 구성의 발생적 토대의 근본적 양상이 상호주

---

21 Hua XV, 171.

관성이라는 사실은 자아는 한계를 갖는 유한한 존재임을 자각하게 한다. 죽음의 초월론적 이해는 자신의 유한성과 함께 원초적 차원에서 타자의 유한성도 이해하도록 돕는다. 상호주관성으로부터 고찰되는 발생적 현상학적 분석은 타자를 근원적 차원에서 요청할 수밖에 없음을 드러내며, 자아와 공존하는 타자 역시 한계를 지닌 자로서 지각하게 한다. 자아는 상호주관적인 세계 속에서 다른 사람들도 태어나고 죽는 세계임을 알며, 침전된 역사와 전통을 갖는 자아는 타인들의 죽음이 자아의 죽음보다 먼저 구성되어 있음을 이해한다. 이와 함께 자아 자신의 소멸이 있어도 상호주관적 시간이 지속된다는 사실을 의식한다.

정적 이해 속에서 죽음은 초월론적 자아의 생생한 현전적 직관으로 체험될 수 없는 것이지만, 발생적 분석 속에서 자신의 유한성을 자각하고 자아역시 세계 속의 한 일부라는 사실을 인식하게 한다. 이 같은 사실은 초월론적 자아의 구성이 유한할 수 있다는 자기반성을 출현시키는데, 이는 후설의 현상학이 한계사건 체험을 통해 초월론적 자아의 유한성을 드러냄으로써 세계 구성의 결과의 한계성도 용인하고 있음을 간접적으로 밝힌다고 간주될 수 있다. 물론, 앞서 상술했던 것처럼 후설의 정적 현상학적 이해 속에서 초월론적 자아는 "죽지도 않고 탄생하지도 않는 것으로서 생성에 있어서 영원한 존재"[22]이다.

생생한 현전적 체험으로서 초월론적 자아의 죽음은 경험으로 직관되거나 충전적으로 인식되지 못한다. 오히려 죽음은 모든 다양한 경험들의 중단이기에 의식 체험으로부터 구성의 절대성만을 강조한다면 초월론적 자아

---

22 Hua XI, 381.

는 영원성만을 이야기할 수밖에 없다. 하지만 상호주관적 존재로서 초월론적 자아는 발생적 차원에서 구성의 상호성을 가지며 이미 타자와 얽히고설킨 존재로서 침전된 습관성과 함께 친숙한 세계 지평 속에 있다. 우리는 타자의 죽음을 신체적으로 체험하며 나 자신의 죽음도 당연하게 수용한다. 자아는 세계 안에서 탄생과 죽음이라는 한계사건을 세계의 역사적 과정 속에서 경험한다.[23]

이와 같은 맥락에서 후설로부터 강조되는 한계 사건으로서 죽음은 초월론적 자아의 유한성을 보여준다. 세계 구성의 자기 유한성의 인식은 스스로도 세계의 일부분임을 자각하게 한다. 초월론적 자아의 유한성의 인식은 후설의 현상학을 이해하는 데에 기존의 관점들이 반쪽짜리 이해임을 알려준다. 정적 현상학적 분석으로 논의되는 현상학의 모습을 후설 현상학 전체의 모습으로 간주되었던 기존의 이해와는 달리, 후설의 현상학은 오히려 구성의 유한성과 한계의 가능성을 용인하고 있다. 이는 후설의 현상학이 이론에서든 실천에서든 변화의 가능성을 긍정하는 사상이라는 뜻과 같다. 뿐만 아니라 죽음이라는 자기 소멸의 유한성과 함께 구성의 유한성은 후설의 윤리학적 실천의 원리 중 하나인 '비판과 쇄신'의 연속성과 가능성을 보여준다.

죽음은 후설의 현상학이 자기 동일성의 원리로 타자를 포섭하는 주체 중심의 근대철학으로부터 벗어난 사상임을 알린다. 생성의 역동성 속에서 세계 구성의 개방성을 용인하는 사상으로서 현상학은 일방적인 절대주의나 환원주의와 거리를 두는 철학이다. 다만 이와 같은 실정으로 현상학이 상대

---

23 홍성하, 「후설에서 나타난 무의식의 현상학에 대한 연구: 잠과 죽음의 의미에 대하여」, 『현상학과 현대철학』, 21, 한국현상학회, 2003, p. 47.

주의나 관점주의 혹은 실존주의나 회의주의와 같은 철학으로 오해되어서는 안 된다. 앞선 논의에서 밝혔듯, 후설의 현상학은 정적 분석과 발생적 분석의 상호보완적인 유기적 관계에서 살펴지는 것이다. 초월론적 자아의 통일성은 자신의 무한성 이해와 함께 유한성 이해의 상호적 관계 속에서 형성된다. 초월론적 자아는 태도 변경에 따라 무한자로 혹은 유한자로 이해될 수 있다. 개별 인격적 체험을 하는 '나'는 출생하고 언젠가 생을 마감하여 소멸되는 자이지만, '나'의 초월론적 구성은 영원할 수 있다. 이와 같은 측면에서 후설의 현상학에서의 죽음은 구성의 보편성을 지향하면서도 변화와 새로움을 포용하는 개방성으로 향하는 단초를 제공한다.

죽음으로 가는 시간[*]

─질병과 간병, 그리고 노화와 요양

최성민
_ 경희대학교 인문학연구원 HK+통합의료인문학연구단 HK연구교수

* 이 글의 일부, 특히 3장의 내용은 필자의 논문 「노인 간병과 서사적 상상력─한국과 일본의 간병소설을 통하여」, 『비교한국학(Comparative Korean Studies)』 29(2), 2021, 51~83쪽의 내용을 바탕으로 수정한 것이다. 일부 중복되는 부분이 있으나, 나머지 대부분의 글은 본 총서를 위해 새로 집필한 내용이다.

1. 들어가며: 삶은 죽음을 향한다

인문학은 인간의 삶을 연구하는 학문이다. 표준국어대사전에 따르면, 인문학은 인간의 언어, 문학, 예술, 역사, 철학 등을 연구하는 학문을 의미한다. 문학과 예술의 이야기 구성과 규칙을 다루는 서사학(Narratology) 이론은 흔히 '아라비안나이트', 즉 『천일야화』 이야기를 원전(原典)처럼 다룬다. 널리 알려져 있다시피, 『천일야화』의 이야기는 세헤라자데가 삶을 이어가기 위해 왕에게 1001일 밤 동안 흥미로운 이야기를 계속 이어가며 진행된다. 이야기, 즉 서사의 중단은 죽음을 의미하며 삶은 이야기와 함께 지속된다. 세헤라자데는 왕을 매혹시킨 이야기 덕분에 당장의 죽음을 피할 수 있었지만, 인간의 삶은 끝이 정해져 있다. 모든 인간의 삶의 끝에는 죽음이 놓여 있다. 우리 삶의 시간은 죽음을 향해 가기 마련이다.

인간의 죽음은 사고나 재난, 기아 등에 의해서도 찾아오지만, 가장 많은 경우는 질병과 노화로 인한 죽음일 것이다. 질병은 환자의 몸과 정신을 병들게 하지만, 병든 환자를 돌보는 간병의 고통은 환자의 가족에게 전달된다. 인간에게 보편적 측은지심이 있다면 누군가를 돌보고 도와주는 일이 그 자신에게 보람과 행복을 안겨줄 수도 있다. 하지만 중증 질환이나 노인성

질환을 앓는 환자를 돌보는 일은 결코 쉬운 일이 아니다.

캥거루와 같은 유대류나 판다와 같은 동물들을 제외하면, 인간은 태어날 때 매우 미숙한 존재로 태어나는 보기 드문 포유류 동물이다. 인간은 태어난 지 1년은 지나야 걸음을 걸을 수 있을 정도로, 주변의 도움이 없다면 생태계에서의 생존이 불가능한, 나약한 영유아기를 거친다. 가족의 돌봄으로 하나의 인간 개체로서의 자율적 생활이 가능해지지만, 중증 질환을 앓거나 노년기에 들어가면 또 다시 누군가의 돌봄을 필요로 하게 되는 것이 인간의 삶이다.

심지어 점점 빠르게 변화하는 우리 사회는 육체적인 심각한 노화가 오기 전에도 나이가 든 사람들은 무능하거나 도태되어야 하는 사람 취급을 하는 경우들이 흔하다. 첨단 IT 업계에서는 30대면 '노땅', 40대면 '조상님' 취급하는 일이 빈번하다.[1] 그럼에도 불구하고 평균 수명은 점차 늘어고 있고, 노년으로 살아가야 하는 기간은 길어지고 있다. 본래 인류는 자신의 집에서 숨을 거두는 것이 대부분의 운명으로 받아들였다. 그러나 20세기 후반부터 상황은 달라졌다. 노화와 죽음을 몹쓸병처럼 취급하면서부터였다. 미국의 경우, 1980년대 이후 여섯 명 중 다섯 명은 병원에서 사망 선고를 받았고, 그걸 보고 자란 아이들은 죽음은 당연히 병원에서 맞이하는 것이라 생각하게 되었다. 최근에는 요양시설과 호스피스 전문 기관이 늘어나면서, 병원 이외의 기관에서 삶을 마감하거나 다시 자택에서 최후를 맞이하는 비중이 증가하고 있다.[2]

---

1 루이즈 애런슨, 『나이듦에 관하여』, 최가영 옮김, 비잉, 2020, p.569.
2 루이즈 애런슨, 위의 책, p.592.

그러나 여전히 죽음을 맞이하는 순간, 병원과 의사의 역할은 크다. 사망을 확인하고 선고하는 것은 의사의 책임이자 법적 의무로 여겨지고 있다. 의료법 제17조는 의료업에 종사하는 의사 및 한의사만이 사망을 진단하고 증명서를 발급할 수 있도록 규정해 놓았다.[3]

미국의 노인의학전문의이자 작가인 루이즈 애런슨은 삶의 마지막을 함께 하고, 증명하게 되는 의료인의 역할과 관련하여, 다음과 같이 말한다.

> 의료계는 인생사의 이정표적 사건을 편안하게 넘기도록 돕는 협력자의 자리에 충분히 설 수 있는데도 여전히 죽음을 오랜 숙적이라도 되는 양, 나쁘게만 보는 경향이 있다. 힘든 결정, 비보, 임종 등 부정적인 주제로 환자와 가족을 상대해야 할 때를 대비해 대화의 기술을 함양해야 하는 의대 수업이 2010년대에 들어서야 겨우 개설 되었을 정도다. 그나마도 레지던트 과정으로 올라가면 이 수업 이수를 의무화한 전공과가 아직 하나도 없지만 말이다.[4]

루이즈 애런슨은 죽음이 삶의 끝에 맞이하게 되는 하나의 이정표임에도, 그것과 맞서 싸워야 하는 대상으로만 여기는 의료계의 태도를 문제 삼는다. 그러면서 죽음이 있기에 삶이 빛나는 것임을 이해해야 한다고 강조한다.

그럼에도 불구하고, 현실에서 그러한 마음가짐을 실현하기란 쉽지 않다.

---

3 의사와 한의사 외에 사망을 확인할 수 있는 인물은 직접 조산(助産)을 담당한 조산사가 사산(死産)을 확인했을 때 뿐인데, 이 경우는 출생 증명이 안 된 상태이기에, 엄밀한 의미에서의 사망 확인이라고 보기는 어렵다.
4 루이즈 애런슨, 위의 책, p.592.

많은 사람들이 환자로서 치료를 받다가 상황이 악화되면서 죽음을 맞이하거나, 노화로 인한 심신의 고통 속에서 죽음을 맞게 되기 때문이다. 질병이나 노화의 고통은 환자나 노인 본인만을 향하지 않는다. 질병은 그것을 치료할 의료인과 더불어 간병인을 필요로 한다.

2. 질병과 간병

병원이라는 공간은 질병을 치료하기 위해 세워진 곳이다. 병원은 환자의 몸으로부터 질병을 객관화한다. 의사는 그 질병의 원인이 된 세균이나 바이러스, 환부를 환자의 몸으로부터 분리시키기 위해 노력한다. 환자의 몸이 질병으로부터 분리된다면 그것은 곧 건강을 되찾은 것이고, 비로소 병원으로부터 벗어날 자격을 획득한다.

그러나 병원이라는 공간에서의 간병 과정을 관찰해 보면, 환자는 물론 보호자나 간병인으로부터 질병을 분리하거나 객관화하는 것은 불가능한 것처럼 보인다. 가족이 간병인이자 보호자가 되어 병원에서 환자와 함께 생활하는 것이 당연시되었던 한국의 병원 문화에서는 특히나 그러했다. 질병은 환자는 물론, 보호자나 간병인의 삶까지 침투하여 생활을 뒤흔들어 놓는다. 어린이 환자는 물론, 중증 환자나 노인 환자의 경우 병원에서는 환자의 곁에 보호자 혹은 간병인이 상주해 있는 것을 당연하게 여기고, 치료나 건강 체크의 일부를 담당시키기도 한다.

2015년 중동호흡기증후군, 즉 메르스 (MERS) 유행 당시, 세계보건기구 (WHO)는 한국에서 메르스 유행이 일어난 원인으로, 한국 특유의 간병문화와 문병문화를 지적하기도 했다.[5] 한국의 병원에서 유달리 환자의 가족 보호자의 역할과 기능이 요구되는 측면이 크지만, 환자의 돌봄이 필요한 경우는 언제 어디서나 불가피하게 나타난다.

강영례의 논문 「입원 노인 환자의 가족수발과 간병인 수발시의 만족도 비교 연구」[6]는 대학병원 노인 입원환자가 가족이 수발하는 경우와 전문 간병인이 수발하는 경우를 나누어 신체적, 정서적 수발 만족도를 조사 비교하였다. 이 논문에서 조사한 수발자는 가족의 경우가 약 60%, 전문 간병인은 40%의 비중이었다. 이 논문에 따르면 신체적인 수발 만족도는 전문 간병인의 경우가 높게 나타났지만, 정서적 만족도는 가족이 수발하는 경우가 높게 나타났으며, 가족 중에는 배우자의 수발을 선호하는 것으로 나타났다. 그럼에도 불구하고 입원 기간이 길어질 경우, 가족 수발의 부담이 커질 수밖에 없어 전문 간병인의 수발을 필요로 하는 경우가 증가하였다. 현실적으로는 전문 간병인의 경우에도, 저임금에 고된 업무로 인하여 충분하고 실질적인 전문성을 기대하기는 어렵다.

어쩌면 간병은 대소변을 가리지 못하고 거동조차 어려운 영아기의 아이를 돌보는 일과 비슷할 수 있다. 그러나 아기는 시간이 흐를수록 스스로 할 수 있는 일이 많아진다. 아기를 키우는 입장에서도 보람을 느낄 수도 있고, 끝이 보이는 '보육'의 길 위에 있기에 쉽게 절망하지 않을 수 있다. 한 인간의 삶이라는 '서사'가 시작되는 지점에서의 '조력자(helper)'의 역할 자체로 존재감을 느낄 수도 있다. 그러나 중증 환자나 고령의 환자를 돌보는 일은

5　박윤재, 『한국현대의료사』, 들녘, 2021, p.219.
6　강영례, 「입원 노인 환자의 가족수발과 간병인 수발시의 만족도 비교 연구」, 한림대학교 대학원 사회복지학과 노년학전공 석사학위논문, 2001, pp.21~46.

그렇지 못하다. 간병의 끝은 알 수가 없고, 시간이 지날수록 어려움은 가중된다.

우리는 질병을 앓는다는 표현을 종종 쓰기도 하지만, '질병을 가지고 있다'는 표현을 쓰기도 한다. 영어의 동사 '해브'(have; 가지다)가 워낙 폭넓은 쓰임을 갖고 있기에, '모임을 가지다', '휴식을 가지다'처럼, 한국어로서는 부자연스러운 번역투 문장으로 지적받을 법하기도 하다. 하지만 '질병을 가지다'라는 표현에 대해 소설가 박완서는 한 수필에서 다음과 같이 적은 바가 있다.

> 흔히 성인병이라고 부르는 병을 몇 가지 겹쳐서 가지고 있는 지가 20년쯤 된다. 병을 앓고 있다고 하지 않고 가지고 있다고 말하는 것은 병다운 고통이나 자각증상이 거의 없는 대신 남이 눈치 채지 않도록 고이 간직해야 하는 부담감이 소유의 불편과 맞먹기 때문이다. 있다가 없으면 섭섭할 것 같아, 시도 때도 없이 확인하고 쓰다듬고 애무하는 마음까지 있는 것도 소유하는 심정과 다르지 않다.[7]

특히 노년의 질병이나 만성질환들은 '질병을 앓다'는 표현보다 '질병을 가지고 있다'는 표현이 자연스럽게 느껴지기도 한다. 이때의 질병은 퇴치나 완치를 목표로 하는 대상이라기보다, 더 악화되지 않거나 악화를 지연시키는 것이 목표로 함께 살아가야 할 대상이 되기 마련이다.

---

7 박완서, 「노년」, 『두부』, 창비, 2002, 53쪽. (이영아, 「문학작품에 나타난 한국 현대 의료의 현실 : 박완서 소설을 중심으로」, 『인문과학연구』 36, 강원대학교 인문과학연구소, 2013, p.62(pp.55~92)에서 재인용.)

돌봄의 대상이 노인 만성 질환이거나, 중증 혹은 고령의 환자일 때, 간병은 보람과 행복이기보다 헌신과 희생, 혹은 고난과 절망이 될 수도 있다. 육체가 질병을 이겨내지 못해서가 아니라, 간병의 고통을 이겨내지 못해서 절망에 도달하는 경우가 흔하다. 환자 역시 간병과 수발의 고통을 모르지 않기에, 경제적이고 정서적으로 부담감을 느끼는 경우가 많을 수밖에 없다.

이런 간병의 고통에 대해, 간병을 다룬 소설들을 통해 우리는 간접적으로 이해해 볼 수 있을 것이다. 소설이 사실 그대로의 기록은 아닐지라도, 우리가 문학이나 영화를 통해 현실을 성찰하거나 재조명하는 일은 낯선 일이 아니다. 오히려 실제 현실의 문제를 좀 더 선명하게 부각시켜 바라볼 수 있게 되는 것도 오히려 소설이기 때문에 가능할 수 있다.

3. 간병의 서사들: 박완서의 소설을 통하여

이 글에서 문학을 통해 간병의 문제를 이해하기 위해서 살펴볼 대상은 박완서의 문학 작품들이다. 한국 문학을 통틀어 의료와 질병, 간병 문제를 가장 오랫동안 천착해온 작가는 박완서라고 할 수 있다. 우리는 박완서의 작품을 통해, 우리 한국의 간병 문화와 그것을 둘러싼 위태로운 현실을 주목할 수 있을 것이다.

박완서는 1970년 40세의 나이에 소설 「나목」으로 등단한 이후, 2011년 타계하기까지 한국 문학을 대표하는 소설가로 자리 잡았다. 비교적 늦은 나이에 등단하였기 때문인지, 박완서는 초기부터 삶과 죽음, 그리고 늙음에 대한 원숙한 성찰이 내재된 작품들을 발표하였다. 1남 4녀 중 한 명의 딸이 의

사였으며, 외아들 역시 서울대 의대를 나와 전공의 과정에 있었는데 불의의 사고로 아들을 잃었다. 남편은 일찌감치 암으로 세상을 떠났고, 친정어머니와 시어머니가 치매를 앓게 되면서 이들을 간병하기도 했다. 작가 역시 여러 성인병을 지니고 있었으며, 말년에는 담낭암 투병을 하였다. 그러한 개인사 때문인지, 박완서의 작품에는 질병, 특히 치매와 같은 노인 질환이 자주 등장하며, 질병을 겪는 환자의 심리에 대한 묘사는 물론, 병원과 집에서 환자를 간병하는 가족의 상황들도 많이 등장한다.[8]

　박완서의 중편 소설 「유실」(1982)에는 당뇨병과 결핵을 동시에 앓게 된 환자의 감정이 다음과 같이 표현되어 있다. 병명이 두 가지, 세 가지일지라도 내 몸은 하나일 뿐인데, 여러 전문의를 만나며 진료를 받다보면 질병과 싸워야할 '나'의 주체성에 혼란이 온다는 것이다.

8　박완서 문학에서 치매나 노년 질병에 초점을 맞춘 논의로는 다음을 참조할 수 있다. 김소연, 「박완서 단편소설에 나타난 노년의식 고찰」, 고려대학교 석사학위 논문, 2010. 김은정, 「모녀서사를 통해 본 '치매'의 상징성 연구」, 『한국문학논총』 제61집, 한국문학회, 2012, pp.303~327. 김은정, 「박완서 노년소설에 나타나는 질병의 의미」, 『한국문학논총』 제70집, 한국문학회, 2015, pp.293~332. 김혜경, 『노년을 읽다: 박완서 소설로 읽는 노년의 삶』, 충남대학교 출판문화원, 2017. 박산향, 「박완서 소설의 치매 서사와 가족 갈등 고찰」, 『인문사회과학연구』 제19권 제2호, 부경대학교 인문사회과학연구소, 2018, pp.347~370.
박완서 문학과 다른 작품들을 함께 다루면서, 노년의 치매 질환을 중심에 둔 연구는 다음을 참조할 수 있다. 김미영, 「소설에서의 치매 서사의 수용」, 『국어문학』 63호, 국어문학회, 2016, pp.231~255. 김지혜, 「현대소설에 나타난 치매 표상 연구」, 『현대문학이론연구』 제72집, 현대문학이론학회, 2018, pp.53~80. 엄미옥, 「고령화사회의 문학 : '치매'를 다룬 소설을 중심으로」, 『대중서사연구』 24권 1호, 2018, pp.285~321.
박완서 소설을 예시로 활용하면서, 의료 현장의 서사적 소통의 문제를 주목한 논의는 다음을 참조할 수 있다. 이영아, 「문학작품에 나타난 한국 현대 의료의 현실 : 박완서 소설을 중심으로」, 『인문과학연구』 36집, 강원대학교 인문과학연구소, 2013, pp.55~92.

그러나 결핵전문의는 훨씬 더 그에게 겁을 주었다. 그가 결핵에 대해서 알고 있는 지식은 인류는 마침내 결핵을 정복하였다, 정도의 교만한 낙관이었는데 그의 경우는 그런 낙관이 절대로 허용 안 된다는 게 그 전문의의 소견이었다. (중략) 결국 그의 경우 결핵은 독자적인 게 아니라 당뇨병이 친 가지에 불과하련만 그에겐 두 사람의 전문의가 딸리게 되었다. 종합병원의 이런 세분화된 전문화 현상은 가뜩이나 자각증상이 없어서 자기가 병자임을 승복할 수 없는 그를 혼란시켰다.

그가 그런 혼란을 극복하는 데는 상당 시간이 걸렸다. 그렇다고 자기가 병자임을 승복하게 된 건 아니었다. 두 사람의 전문의가 그의 하나밖에 없는 몸뚱이를 둘로 나누었듯이 그는 그의 두 가지 병을 자신으로부터 분리시켜 싸워서 이겨야 할 대상으로 인식하기에 이르른 것이다.[9]

더욱이 고령의 환자들일수록, 여러 가지 지병을 안고 있고 복합적인 진료가 필요한 순간이 있을 수 있는데 여러 의사들의 판단이 '하나의 환자'에 대한 진료로 집중되지 못하고, 각각의 개별 의견으로 흩어질 때, 자칫 과잉 진료, 혹은 반대로 과소 진료로 이어지거나 환자에게 과도한 공포심만 심어주게 될 우려도 있다.

환자와 보호자는 의사가 질병 자체보다 환자에게 관심을 기울이길 기대한다. 캐나다의 내과 전문의며 유명한 칼럼니스트인 게이버 메이트(Gabor Mate, 1944~)는 국내에서도 베스트셀러에 이름을 올렸던 그의 2010년 산문집 『몸이 아니라고 말할 때(When the Body Says No)』에서 의사들은

9 박완서, 「유실」, 『엄마의 말뚝 : 박완서소설전집결정판11』, 세계사, 2012, pp.179~180.

"신체 부위나 기관들에 대해 더 많은 것을 알게 될수록, 그 부위와 기관들이 존재하는 바탕인 인간에 대해 덜 이해하는 경향이 있다."고 말하였다. 흔히 나무만 보고 숲을 보지 못한다고 말하는 것처럼, 의학과 의료 기술이 발달하면서 오히려 인간 자체를 주목하지 못하고 환자에 대한 공감이 약화되는 경우가 많다는 것이다.

1981년 제5회 이상문학상 수상작이자, 박완서의 대표작으로 손꼽히는 소설 「엄마의 말뚝2」에는 고령의 어머니가 수술을 받은 후, 딸인 '나'가 어머니를 간병하며 겪은 일과 감정들이 묘사되어 있다. 눈길에서 넘어진 친정어머니가 병원에서 수술을 받게 되면서, 딸인 '나'는 어머니의 간병을 도맡게 되었다.

> "잘 됐어요. 크게 염려 안 해도 될 겁니다. 워낙 고령이니까 간병에 신경은 좀 쓰셔야죠."
>
> 그에게서 처음으로 긴 말을 들은 게 황송해서 더 묻진 못했지만 미진했다. 어머니는 여전히 중얼거렸다. 수련의들과 간호원이 자주 드나들며 환자의 상태를 체크하고 몸에 매달린 여러 개의 줄을 점검했다. 내가 밤 동안 보살피고 기록해놓을 것에 대해서도 지시를 받았다. 내가 할 일은 자주 기침을 시켜 가래를 뱉게 할 것, 링거가 다 되기 전에 알릴 것, 소변량의 체크, 수술 자리에서 흐르는 피를 흡입하는 비닐 팩이 다 차면 알릴 것 등이었다.[10]

10 박완서, 「엄마의 말뚝2」, 『엄마의 말뚝 : 박완서소설전집결정판11』, 세계사, 2012, pp.120~121.

고령의 환자가 수술을 마치고 나온 뒤에, 수술 집도의였던 홍박사는 수술이 잘 됐다는 짧은 말만을 전한다. 환자의 딸은 그 말조차 비교적 '긴 말'을 들은 것이라며 황송해한다. 환자의 보호자이자 간병인인 딸은 가래를 뱉게 하고 소변량을 체크하는 등, 보조적인 진료 행위까지 떠맡는다.

한국 전쟁 당시 아들의 죽음을 떠올리며 마음의 상처에 시달리는 어머니는 낙상과 수술의 고통까지 겹치자, 밤마다 헛것을 보기도 하고 악몽에 시달리거나 잠에 들지 못한다. 딸은 간호사에게 어머니가 잠이 들 수 있도록 수면제를 달라는 요청을 해 본다. 간호사는 마취 끝에는 더러 그런 환자가 있다며 심드렁한 반응이다. 한 번 더 수면제를 요청하자 간호사는 이미 신경안정제를 드렸다며 수면제를 줄 수는 없다고 쏘아붙인다.

"그까짓 신경안정제 말고 수면제를 주든지 주사를 놓아주든지 하세요."
"그럴 순 없어요."
"환자를 위하는 일은 우리가 더 잘 알아서 하고 있으니 가족들은 협조를 해주셔야지 덮어놓고 이렇게 떼를 쓰시면 어떡해요?"
간호원이 휙 돌아서면서 쏘아붙였다. 나는 무안하고 노여워서 다시는 네 따위한테 애걸을 하나 봐라, 중얼중얼 뇌까리며 돌아왔다.[11]

환자의 증상을 심각하게 받아들이지 않는 간호사도 문제지만, 환자의 상태나 다른 약의 투약 여부와 무관하게 무작정 수면제를 달라고 요청하는 보호자의 요청도 문제가 있다. 이와 같은 충돌은 의료 현장에게 종종 벌어지

---

11 박완서, 「엄마의 말뚝2」, 위의 책. p.124.

는 일이다. 반대로 이러한 요청과 충돌을 미리 막기 위해, 혹은 의료진의 불편을 줄이고자 수면제나 신경안정제를 너무나 쉽게 내주는 경우도 있다. 물론 이 문제는 환자나 보호자, 혹은 간호사나 의료진의 개인적 성향이나 태도의 문제일 수도 있다. 하지만 더 근본적으로는 의료진의 과도한 업무와 과로, 그로 인하여 보호자나 간병인에게 떠넘겨진 간병과 진료 보조 행위, 그리고 부정확한 의료 정보를 지닌 보호자의 과도한 개입과 요구 등, 갈등의 원인이 복잡하고도 다양한 문제와 얽혀 있다.

　루이즈 애런슨은 환자나 보호자가 '착하다' 혹은 '까다롭지 않다'는 것은 의사 입장에선 편하고 방해받지 않는다는 의미로 여겨질 수 있겠지만, 쌍방이 함께 참여하여 참된 돌봄과 회복의 성과를 이끌어내기 위한 협력이 이루어지지 않고 있다는 의미도 된다고 이해한다. 더 나아가 진단의 단서가 되는 병력 청취부터 환자 관리, 치료법의 결정까지 의료진과 환자, 보호자는 적극적으로 참여하며 협력하는 관계여야 한다고 주장한다. 따라서 환자나 환자 가족이 예민하게 굴거나 요구사항이 많다는 것은 환자를 아끼는 마음이 커서 그러는 것임을 이해해야 하며, 환자 가족의 목소리는 환자를 치료하기 위한 참신하고 중요한 정보를 얻을 수 있는 정보원임을 인식해야 한다고 말한다.[12]

　의료진의 태도 변화가 있더라도, 고령의 환자나 중증의 환자를 간병한다는 어려움이 사라지는 것은 아니다. 「엄마의 말뚝2」에서 어머니는 어느 날 갑자기 두 손을 크게 휘두르더니, 굉장한 힘으로 딸의 목을 휘감는다.

---

12 루이즈 애런슨, 앞의 책, p.364.

푸른 귀기가 돌던 두 눈이 극단적인 공포로 튀어나올 듯이 확대됐다.

"왜 그래 엄마!"

나는 덩달아 무서움에 떨며 어머니한테로 달려갔다. 어머니의 팔이 내 목을 감으며 용을 쓰는 바람에 나는 숨이 콱 막혔다. 굉장한 힘이었다. 숨이 막혀 허덕이든 나의 귓전에 어머니는 지옥의 목소리처럼 공포에 질린 소리로 속삭였다.

"그놈이 또 왔다. 하느님 맙소사 그놈이 또 왔어."[13]

갑작스러운 어머니의 돌출 행동에 딸은 숨 막힐 뻔하는 위기 상황에 빠진다. 어머니는 수술 후의 쇠약해진 심신 탓인지, 한국전쟁 당시 좌익에 가담했다는 이유로 아들을 찾아온 이들이 눈에 어른거리곤 한다. 딸은 어머니의 예기치 못한 강한 힘에 두려움을 느끼기도 했지만, 가까스로 어머니의 팔에서 벗어날 수 있었다. 하지만 이 같은 일이 몇 차례 반복되자 딸은 심해지는 어머니의 광란을 떨면서 지켜보다 괴기스러움마저 느낀다. 얼마 후엔 결국 딸이 어머니를 강력한 힘으로 찍어 누르다가 뺨을 때리는 행동을 하게도 된다.

그들은 어머니를 묶어 놓고 나를 위로하고 병실을 나갔다. 나는 지칠 대로 지쳐서 신 신은 채 보조 침대에 상반신을 꺾었다. 그러나 웬걸, 원한 맺힌 맹수처럼 으르렁대던 어머니가 에잇 하고 한 번 기합을 넣자 사지를 묶은 끈은 우지직 끊어지기도 하고 풀리기도 했다. (중략) 나는 어머니를 힘껏 찍어 눌렀다. 온몸으로 타고 앉다시피 했다. 어머니의 경련처럼 괴로운 출렁

13 박완서, 「엄마의 말뚝2」, 위의 책. pp.124~125.

임이 고스란히 전해왔다. 조금이라도 마음이 움직이거나 약해져선 안 된다고 생각했다. 그렇게 되면 어머니가 나를 타고 앉게 될지도 모른다. 내가 아무리 전심전력으로 대결해도 어머니의 힘과는 막상막하여서 내 힘이 위태로워질 때마다 나는 어머니의 뺨을 쳤다.

"엄마, 정신 차려요 엄마, 정신 차려요."

처음으로 엄마의 뺨을 치고 나는 내 손이 저지른 패륜에 경악해서 두 번째는 더욱 세차게 때렸고, 어머니의 뺨에 솟아오른 내 손자국을 보고 이것은 악몽 속 아니면 지옥일 거라는 일종의 비현실감이 패륜에 패륜을 서슴없이 보태게 했다. 어머니의 힘도 무서웠지만 더 무서운 건 어머니의 얼굴이었다. 그건 내 어머니의 얼굴이 아니었다. 이제 나는 어머니와 싸우고 있는 게 아니라 내 나름의 공포와 싸우고 있었다.[14]

어머니를 간병하던 딸은 완력 다툼 끝에 뺨을 때리는 패륜적 행위까지 하게 된다. 어머니의 오랜 마음의 상처와 수술 후유증이 결합된 비극적 상황이지만, 딸은 그런 어머니를 어떻게 의학적으로 통제해야 하는지 알지 못한다. 이 과정에서 병원이나 의료진의 역할은 보이지 않는다. 모녀간의 한바탕 몸싸움은 부풀어 오른 어머니의 뺨에 딸이 자신의 뺨을 비비며 소리 내어 통곡하며 마무리된다.

박완서의 작품들에는 치매 환자의 이야기도 자주 등장한다. 후기작으로 분류될 「후남아, 밥 먹어라」(2003), 중기작품들인 「해산바가지」(1985), 「환각의 나비」(1995)는 물론, 초기 작품인 「포말의 집」(1976)에도 치매 환자가 등장

<hr />

14 박완서, 「엄마의 말뚝2」, 위의 책, pp.129~130.

한다. 초기작인 「포말의 집」에서 치매는 당시의 일상적 표현대로 '노망'이라는 단어로 등장한다. 「포말의 집」의 화자 '나'는 치매에 걸린 시어머니를 돌보고 있다. 나이가 들어가며 엄마에게 점점 말수가 적어지는 아들 동석이 학교에 간 후에 시어머니의 아침상을 보고 있자면, 시어머니는 양변기에 고인 물로 세수를 하며 '물이 다 식었다'며 투정을 한다. 남편은 미국으로 긴 출장을 간 지 2년이 넘었다. 한 달에 한 번꼴로 남편이 보내오는 편지는 '동석이 엄마 보시오'로 시작해서 '어머님은 안녕하시오? 당신이 극진히 보살펴드리라 믿소'로 이어진다. 한 집에 모신 지 반년 만에 미국으로 가 버린 남편은 효도와는 거리가 먼 사람이었다. '나'는 어머니의 안녕을 물을 때마다, 남편은 어머니가 안녕하시지 않기를 바라고 있을지 모른다는 의혹을 가진다.

> 양변기 속에 고인 물에 세수를 하는 노인을 미국의 기계 문명 속으로 끌어들이기도 그렇고, 떼어 놓을 마땅한 고장은 없고, 팔순이 내일모레니 이제 그만 돌아가셨으면 얼마나 좋을까 하는 남편의 조바심을 '어머님은 안녕하시오?'의 뒤통수에서 읽었다면 내 눈이 지나치게 밝았을까?[15]

시어머니는 밤이면 이 방 저 방 문을 두드리며 다니곤 했다. 어느 날은 머리를 풀어헤친 채 알몸으로 서서 한밤중에 방문을 두드리기도 하는 것이었다. 소름이 끼치기도 하고 무섭기도 하여, 약사 친구에게 수면제를 얻어오기도 했다. 친구는 몸에 이로울 것은 없지만 습관성 외에는 크게 해로울 것

---

15 박완서, 「포말의 집」, 『배반의 여름 : 박완서소설전집4』, 문학동네, 2014. [전자책]
  (from Bookcube E-book, p.54/317)

은 없다며, '젊은 사람이 우선 살고 봐야지'라며 약을 건네주었다. 그러나 '나'는 차마 시어머니에게 수면제를 먹이지는 못하고, 자신이 그것을 먹는다. 수면제가 시어머니의 수명을 단축시킬 수도 있을 것이라는 내면의 바람이 실현될까봐 두려웠기 때문이었다.

> 나는 어쩌면 그게 수명을 단축시킬 수 있는 약이길 바라고 있었는지도 모른다. 그러나 나는 그 알약을 한 번도 시어머니에게 드리지 않았다. 내 바람이 무서워서 드릴 수가 없었다. 대신 내가 먹는다. 이제 그 약을 먹지 않고는 잠을 이루지 못한다. 내가 잠든 후 시어머니는 아마 방마다 굳게 잠긴 문을 두드리며 "얘야, 문 좀 열어다우. 얘야 나 문 좀 열어다우" 슬피 울부짖겠지.[16]

「포말의 집」의 나는 남편도 없이 시어머니 간병을 하며 살아간다. 내심 시어머니의 수명이 단축되기를 바라는 마음도 갖고 있다. 미국의 남편 역시 비슷한 감정일 것이라고 짐작하고 있다. 이 소설은 커다랗고 견고하게 지어진 1970년대 초창기 아파트의 규모와는 달리, 금방 포말처럼 사라져버릴 듯 약한 중산층 가정의 '허위의식'을 드러내고 있으며, '치매'는 주제의식을 상징적으로 표출하는 수단처럼 쓰인 것으로 보인다. 치매를 '노망'이라고 표현하던 시대의 작품이기 때문이겠지만, 이 소설 속의 치매는 질병이라기보다 노화의 한 과정처럼 보이고, 가족 내에서 돌보는 것 이외의 어떤 의학적 치료도 이루어지고 있지도 않다. 그럼에도 불구하고, 치매 간병의 고통, 공

---

16 박완서, 「포말의 집」, 위의 책 [전자책] (from Bookcube E-book, p.62/317)

포, 그리고 '살의'로 이어지는 감정의 고리를 엿볼 수 있는 작품이기도 하다.

앞서 언급한 것처럼 박완서의 소설에서는 노년의 질병이나 의료 현장이 초점에 맞춰진 이야기들이 많이 등장한다. 그간 박완서 소설은 외국 문학 중심의 의료인문학 교실 강의에서 드물게 자주 언급되는 한국 문학 작품이었다. 특히 많이 논의된 것은 단편 「그 가을의 사흘 동안」(1980)이나 장편 『아주 오래된 농담』(2000) 정도였는데, 이 두 작품은 모두 주인공이 '의사'이다.[17] 의료인문학 교실에서 의사가 주인공인 서사에 관심을 가지는 것은 어쩌면 당연한 일이지만, 의사도, 환자도 아닌, 간병, 혹은 간병인에 관심을 가지는 것도 우리의 현실에서 중요한 일이라고 생각된다.

4. 더 비극적인 간병의 현실

앞서 박완서 소설 「엄마의 말뚝2」에서 딸은 어머니의 갑작스러운 완력에 대응하다가 어머니의 뺨을 때리는 패륜적 행위를 하게 된다. 「포말의 집」에서의 며느리는 치매를 앓는 시어머니가 내심 빨리 죽었으면 하는 바람을 가지게 된다. 간병의 고통이 자해나 자살, 심지어 살인으로 이어지는 경우는 결코 소설 속의 허구가 아니다.

3월 11일 대구고법 형사1-2부는 간병, 수발 등 남편의 병구완을 해오다가

---

17 이영아, 「문학작품에 나타난 한국 현대 의료의 현실 : 박완서 소설을 중심으로」, 『인문학 과학연구』 36, 강원대학교 인문과학연구소, 2013, p.61(55~92).

남편을 살해한 혐의(살인)로 기소된 A씨(47) 항소심에서 피고인과 검사의 항소를 모두 기각했다. A씨는 지난해 3월 31일 남편 B씨(당시 85세)를 수면제로 재운 뒤 흉기 등을 이용해 살해한 혐의로 재판에 넘겨졌다. A씨는 B씨가 소유한 건물의 세입자로 간암을 앓던 B씨가 이혼한 후 함께 생활하기 시작해 2005년 혼인신고를 했다. 그러나 그는 2019년부터 B씨 치매 증세가 악화하고 지난해 코로나19 확산으로 단둘이 생활하던 중 병구완이 힘들어지자 범행을 결심한 것으로 알려졌다.[18]

치매를 앓던 아버지를 폭행해 사망에 이르게 한 혐의로 재판에 넘겨진 40대 아들이 항소심에서도 실형을 선고받았다. 18일 법조계에 따르면 서울고법 형사6-1부는 전날 존속상해치사 혐의로 기소된 A(47)씨의 항소심에서 1심과 같은 징역 3년을 선고했다. 치매와 뇌경색 등을 앓던 아버지 B(80)씨와 함께 생활하던 A씨는 지난해 4월 서울 중랑구의 자택에서 수발 중 B씨가 넘어지자 순간적으로 화를 내며 폭행해 사망에 이르게 한 혐의로 기소됐다.[19]

암과 심장병으로 투병하던 노부부가 아파트에서 함께 추락하는 사건이 발생했습니다. 서울 동대문경찰서에 따르면 8일 동대문구의 한 아파트 건물 입구에서 이 아파트에 살던 70대 남성 A씨와 60대 여성 B씨 부부가 쓰러진

18 노유림, 「간병에 지쳤다, 80대 치매 남편 살해한 40대 아내」, 《국민일보》, 2021.3.11.
   (https://news.v.daum.net/v/20210311131847039 2021.3.20. 접속)
19 김선영, 「치매 父 간병살인 아들, 항소심도 징역 3년」, 《세계일보》, 2021.3.18.
   (https://news.v.daum.net/v/20210318190815537 2021.3.20. 접속)

채 숨겨 있는 것을 주민이 발견해 경찰에 신고했습니다. 현장에서는 별다른 타살 정황이 발견되지 않았고 B씨의 주머니에서는 "하느님 곁으로 간다"는 내용의 유서가 발견됐습니다. 경찰 조사 결과 B씨는 오래전부터 위암으로 투병생활을 해 왔고 남편 A씨도 심장 질환으로 병원에서 통원치료를 받아 온 것으로 파악됐습니다.[20]

언젠가부터 위와 같은 기사들이 익숙하다. 이런 사례들은 질병과 간병의 서사가 '죽음'에 도달해야만 끝이 난다는 비극적 사실을 깨달았을 때 일어나는 일이다.

『간병살인』은 일본 마이니치 신문사의 취재진들이 2010~2014년 사이 5년 동안 일본의 수도권 1도 3현(도쿄도 일대)과 긴키 지방 2부 4현(오사카, 교토 일대)에서 일어난 간병 살인 중 재판 기록을 확인할 수 있거나 관계자를 취재할 수 있었던 44건의 사건을 취재하고 분석한 결과물이다.

마이니치 취재진은 방대한 수사 기록과 탐문 취재 결과를 종합한 결과, '불면'이라는 공통 요소를 발견하게 되었다. 절반 정도의 가해자들이 낮뿐만 아니라 한밤중에도 간병에 쫓기거나 이런저런 고민 때문에 심각한 수면 부족에 빠져 있었다는 것이다. 간병 대상인 가족이 수면 장애나 망상 증상을 보이고 있었고, 그 결과 가해자 역시 만성적인 수면 부족에 시달렸다는 것이다. 그것은 우울증으로 이어지기 마련이었다.

20 안태훈, 「암, 심장병 투병 노부부 동반 추락사, 부인 곳에 유서」, 《JTBC》, 2019.9.9. (https://news.v.daum.net/v/20190909074427005 2021.3.20. 접속)

"심각한 불면이 계속되면 우울증 중에 걸리기 쉽습니다. 결과적으로 밤낮 없이 간병을 하며 만성적인 수면 부족에 빠지는 것이 간병 살인의 방아쇠가 될 가능성이 높지요."[21]

마이니치 취재진이 만난 한 정신과 의사는 불면이 간병 살인의 방아쇠가 되었을 것이라고 말한다. 취재진이 분석한 44건은 노령의 환자를 돌보던 가족이 결국 살인을 저지르게 된 비극적 사건들이었다. 그중 24건은 남편이나 아내인 배우자를 살해한 사건들이었다. 그다음으로는 아들이나 딸이 아버지나 어머니를 간병하다가 살해한 사건들로 12건을 차지했다. 부모가 아들이나 딸을 돌보다가 살해한 경우는 5건이었다. 손자가 가해자인 경우는 1건, 누나나 남동생과 같은 형제자매 관계인 경우는 2건이었다. 피해자의 병명은 치매가 가장 많았지만, 전신마비, 조현병, 우울증, 방광암 등 다양한 질병이 있었다.

이 가운데 법원이 인정한 가해 동기로는 불면에 시달린 경우, 생활고, 이해할 수 없는 환자의 행동으로 인한 스트레스, 회복되지 않는 증상으로 인한 부담감, 일상의 파괴, 가해자 본인의 우울증 등이 있었다. 피해자가 죽여달라고 부탁한 경우나 환자의 고통을 지켜보기 어려웠던 경우도 있었다. 가해자 역시 지병이 악화되어 가는 상황으로 인한 부담감이 원인인 경우도 몇 건 있었다.[22]

『간병살인』에서 제시된 수많은 비극들 중의 한 가지 사례는 이러하다.

21 《마이니치 신문》 취재반, 남궁가윤 역, 『간병살인』, 시그마북스, 2018, p.55.
22 《마이니치 신문》 취재반, 위의 책, pp.56~59.

2014년 가을 아침, 신문 배달을 마친 기노시타 히로유키(47, 가명)는 집에 돌아와서 어머니 요시코(73, 가명)가 불경을 외우고 있는 것을 발견했다. 그때 선천성 뇌성마비를 앓던 동생 다카유키(44, 가명)의 한쪽 다리가 이불 밖으로 나와 있는 것을 발견했는데, 혈색이 이상했다. 어머니를 쳐다보자 어머니는 "죽였다."고 말했다. 44년간 애정을 쏟고 돌보았던 차남을 기모노 허리끈으로 목 졸라 살해한 것이다.[23]

어머니는 법정에서 "지금까지는 어떻게든 이겨냈지만, 나이를 먹은 탓인지 체력도 기력도 쇠약해져서 더 이상 버티기 힘들었습니다. 이 생활이 언제까지 계속될까, 이 아이는 앞으로 몇 년을 살아갈까 생각하니 지긋지긋해졌습니다." 취조 과정에서는 이러한 말도 했다. "간병은 제 대에서 끝내고 싶었습니다. 히로유키는 자기 인생을 살았으면 했어요."[24]

살인자의 이야기이지만, 그것은 그저 끔찍하고 참혹하다기보다 서글프고 고통스럽게 느껴진다. 마이니치 취재진이 245명의 간병인을 대상으로 한 설문조사에서는 20%가 살인을 생각하거나 동반자살을 생각한 경험이 있다고 답변했다. 70%의 사람은 간병으로 인해 정신적, 육체적으로 한계를 느낀 적이 있다고 답했다.[25]

이와 비슷한 취재 기획이 한국에서도 진행되었다. 《서울신문》 탐사기획부는 2018년 〈간병살인, 154인의 고백〉이라는 시리즈 기사를 8회에 걸쳐 내놓았다. 2006년부터 10여 년간의 간병살인 관련 판결문과 자살사망자 사

23 《마이니치 신문》 취재반, 위의 책, p.85. 내용을 요약한 것.
24 《마이니치 신문》 취재반, 위의 책, p.92.
25 《마이니치 신문》 취재반, 위의 책, p.215.

례 분석을 거친 결과였다. 이것은 2019년 『간병살인, 154인의 고백』이라는 동명의 책으로 묶여 출간되었다. 2018년 보도에서 분석 대상이 된, 2006년 이후 간병살인 가해자 수는 154명, 희생자수는 213명이었다. 2010년 이후 간병살인은 해마다 10건 이상을 기록했다. 최대 21건까지 발생한 해도 있었다. 평균적으로 매달 한 명 이상 간병살인이 벌어지고 있는 것이다.

《서울신문》 취재팀은 2006년부터 2018년 8월까지 발생한 간병살인 사건 중 108건을 분석했다. 그 결과, 가해자는 가족 중 아들, 혹은 남편처럼 남성인 경우가 74%를 차지했다. 아들이 37건, 남편이 25건이었다. 피해자는 아내가 25건, 어머니가 22건, 아버지가 19건, 남편이 16건이었다. 피해자의 질병은 치매가 58건, 뇌혈관질환이 16건, 교통사고 후유증이 7건, 지체장애가 6건이었다.[26]

《서울신문》 취재진이 292명의 가족 간병인을 대상으로 우울증 자가진단을 실시한 결과, 10명 중 6명 이상은 우울증 치료가 필요한 것으로 밝혀졌다. 일반인에 비해 10배 이상 높은 비율이었다.[27]

간병의 고통에 경제적 어려움이 더해지면 보호자가 우울증에 걸릴 위험은 훨씬 높아진다. 다른 가족의 도움을 받지 못하는 독박 간병이나 사설 간병인을 쓰지 못하는 경우에 우울증 위험은 역시 더 높아진다. 월 소득 200만 원 이하 간병인의 우울증 위험도는 68.4%가 '중증도' 이상이었다. '심함'에 해당되는 경우도 25.3%에 달했다. 장애 자녀를 돌보는 경우의 정신 건강이 가장 좋지 않았다. 위험도 중증도 이상의 비율이 76.8%에 달했다. 암, 뇌

26 유영규 외, 『간병살인, 154인의 고백』, 루아크, 2019, p.25.
27 유영규 외, 위의 책, p.101.

혈관질환, 치매 등을 앓는 고령의 환자를 돌보는 경우에도 역시 50% 이상의 중증도가 나타나는 위험한 상태였다.[28]

간병 살인 가해자의 35%는 우울증 외에도 다른 질병까지 앓고 있었다. 자신 스스로도 누구를 돌볼 심신의 여력이 없었다는 의미다. 가해자가 이른바 '독박 간병'을 하고 있었던 경우는 64건이었다. 범행까지 걸린 간병 기간은 평균 6년 5개월이었다. 3년 미만도 36건으로 적지 않았으며, 간병 한 달 만에 살해한 경우도 6건이나 있었다. 범행 수법은 목을 조른 것이 41건으로 가장 많았다. 범행 동기에 대해서는 복수 응답을 허용하여 조사한 결과, 다툼으로 인한 순간적 분노가 39%, 장기 간병 스트레스 38%, 난폭한 치매 증세 32%, 처지 비관 24% 등이었다. 다른 가족의 부담을 완화하겠다는 의도는 20%, 환자의 고통을 경감시키기 위해서라는 응답도 13%를 차지했다.[29]

『간병살인, 154인의 고백』에 실린 가슴 아픈 사연들 중 한 가지는 이러하다. 정씨(54)는 2015년 9월, 아내가 탄 차 안에 번개탄을 피워 자살을 도왔다. 정씨는 유방암에 걸린 아내, 뇌졸중으로 쓰러진 어머니, 선천성 뇌병변에 걸린 딸, 이렇게 세 명을 돌봐야 하는 다중간병인이었다. 아내는 유방암 3기였는데, 치료를 거부하고 그냥 죽고 싶다고 말했다. 남편의 설득으로 수술을 받았지만, 고통은 줄어들지 않았다. 그러자 아내는 번개탄을 준비해 달라고 틈만 나면 말했다. 매번 다독여 봤지만, 이날은 정씨도 지쳐 있었다. 요양시설에 있는 어머니는 고열에 시달린다고 연락이 왔고, 오랜 시간 집에 혼자 둔 딸도 걱정이 됐다.[30]

28 유영규 외, 위의 책, p.105.
29 유영규 외, 위의 책, pp.24~35.
30 유영규 외, 위의 책, pp.49~53.

밤 10시 인적이 드문 시골길에 차를 멈춘 정씨는 햇빛 가리개로 앞유리를 가렸다. 독한 양주와 함께 수면제를 먹은 아내는 깊은 잠에 빠져 있었다. 수십 번이나 망설이다 결국 번개탄에 불을 붙였다. 모질게 마음먹고 차 밖으로 나왔다. 손이 떨리면서 발걸음이 떨어지지 않았다. 혹시나 하는 마음에 아내가 나올 수 있게 차 문을 잠그지 않았다. 도망치듯 길을 빠져나와 택시를 잡았다. '고통스럽진 않을까. 문을 열어뒀으니 빠져나오지 않았을까.' 오만 생각이 다 들었다. 정씨는 퍼붓던 비처럼 술을 들이켰고, 그렇게 잠이 들었다.

아침에 일어나자 딸이 엄마를 찾았다. 정신이 번쩍 들었다. 정신없이 차에 있을 아내를 향해 내달렸다. 그러나 아내는 숨져 있었고 정씨는 스스로 경찰에 신고했다.[31]

일본과 한국의 '간병 살인' 관련 취재 내용들 중 대부분은 처절하게도 가슴 아픈 사연들이었다. 가족 간병인들은 육체적, 심리적, 경제적 압박에 시달리기 마련이었다. 돌봄의 대상인 환자가 치매를 앓고 있는 경우에 폭력에 노출되는 경우도 많았다. 물론, 간병 살인이 그로 인해서 변호될 수 있는 것은 아닐 것이다. 그럼에도 한일 양국 모두 간병 살인은 법원의 판결 과정에서 가해자 감형 대상이 된 경우가 많다. 한국의 경우, 108건의 간병 살인 사례 중 절반 이상이 판결문에 명시적인 감형 사유를 적시하고 있었다. 그중 50건은 유족의 선처 호소를 사유로 들었다. 물론 이때 그 유족은 피해자의

---

31 유영규 외, 위의 책, p.53.

가족이자 가해자의 가족이기도 한 경우이다.[32]

간병 살인의 근본적 원인은 간병으로 인한 심신의 고통과 경제적 어려움이 역시 나약한 개인일 수밖에 없는 가족에게 전적으로 지워져 있기 때문일 것이다. 일본의 경우, 그럼에도 불구하고 시설 간병보다 재택 간병, 가족 간병을 강화하는 방식으로 사회 정책을 펴고 있다.

> 국가는 사회보장비를 억제하려고 시설 간병이 아닌 재택 간병을 추진하고 있다. 간병보험으로 이용할 수 있는 데이케어서비스의 이용 시간을 늘리거나 방문 간병 서비스를 충실히 하여 재택 간병으로 유도하는 정책도 내세우고 있다.
> 특히 800만여 명의 '단카이 세대(1947~1949년생)'가 75세 이상이 되는 2025년을 목표로 되도록 자택에서 간병과 의료를 받게 하는 시스템 구축을 서두르고 있다.[33]

일본의 경우 재가 서비스를 강화하고 있으며, 가족 간병인에 대한 휴가, 휴직에 대한 사회적 배려가 한국보다는 좋은 형편이다. 가령 가족 간병을 이유로 휴직을 했을 경우, 일본은 고용보험에서 임금을 40% 보전하고 있지만, 한국은 간병 휴직 제도는 2012년 이후 도입이 되었으나 무급이 원칙이고 실제 활용하기도 쉽지 않아서, 코로나19 상황에서 시행된 일부 일시적 지원금 외에 뚜렷한 정책은 아직 없는 형편이다.[34] 일본에서 자택 간병을 권

---

32 유영규 외, 위의 책, p.172.
33 마이니치 신문 취재반, 남궁가윤 역, 『간병살인』, 시그마북스, 2018, p.223.
34 유영규 외, 위의 책, p.194.

장하는 것이 사회보장비의 억제가 목적이라고 하지만, 초고령화 시대로 접어든 한국과 일본의 실정에서 이러한 방향이 얻을 수 있는 실익은 크지 않아 보인다.

앞서 살펴본 일본의 경우와 달리, 한국의 경우는 재가급여와 시설급여를 모두 강화하는 방향으로 정책을 세워 놓고 있다. 2020년 9월에 발표된 바에 따르면, 노인장기요양보험 급여비는 8조원을 돌파했는데, 공단 부담금 기준으로 재가급여는 전년대비 27.2% 늘었고, 시설급여는 17.5% 늘어났다. 공단부담금 중 재가급여의 점유율은 56.5%였고, 시설급여가 43.5%를 차지했다.[35] 2019년 3월 현재 15만 명 이상이 요양원에 머물고 있으며, 41만 명 이상이 재가 방문 요양 서비스를 지원받았다.[36]

그럼에도 불구하고 환자와 보호자들의 입장에서는 믿을 만한 요양시설과 요양보호사가 없다는 의견이 많다. 2018년 8월 현재, 전국에 요양원은 3,328곳, 요양병원은 1,548곳[37]이 있다. 그러나 믿고 맡길 만한 곳이 별로 없다는 것이다. 건강보험심사평가원에서 전국의 요양병원과 요양원들에 대해 해마다 심사를 진행하고 등급을 부여하고 있어 어느 정도 선택의 도움이 되고 있다. 그러나 등급이 높은 곳이나 공공기관에서 운영하는 곳은 상대적으로 비용이 크게 높거나 장기간 대기를 해야 입소를 할 수 있다는 부담을 이야기하기도 한다.

---

35 김은영, 「지난해 장기요양보험 급여비 8조원 돌파」, 《청년의사》, 2020.9.3. http://www.docdocdoc.co.kr/news/articleView.html?idxno=2002492

36 권지담, 앞의 기사, 《한겨레신문》, 2019.5.13. http://www.hani.co.kr/arti/society/rights/893616.html

37 유영규 외, 위의 책, p.180.

현재 자격증을 취득한 장기요양보호사는 150만 명에 이른다. 환자와 보호자가 불만을 갖고 있는 것 못지않게, 사회적 간병인인 장기요양보호사들 역시 불만이 많다. 가족도 힘겨워하는 간병의 업무를 하며 강한 노동 강도에 시달리고 있음에도, 최저임금 수준의 대우를 받고 있으며, 재가요양의 경우에는 간병 업무 외의 '가사도우미' 역할까지 떠맡는 경우가 적지 않다는 것이다.[38] 가족이 스스로 가족 간병인으로 등록하여 지원을 받는 '가족요양보호사' 제도가 시행되고 있지만, 가족 간병이 갖고 있는 근본적 문제가 해결될 수 있는 것은 아니다.

가족에 의한 재택 간병의 한계와 위험성은 뚜렷하지만, 현재의 요양시설이나 재가서비스 역시 만족스럽지 못한 것이 사실이다. 특히 코로나19의 확산으로 인해, 요양시설의 경우 면회나 외출조차 1년 이상 차단된 상태가 이어지기도 했다. 재가서비스의 경우에는 환자와 요양보호사 모두 감염에 대한 취약성에 두려움을 느끼기도 하였다. 코로나19로 인해 면회가 차단된 상황에 요양병원 노인들에게 신경안정제를 과도하게 사용했다는 의혹이 제기되기도 하였다.[39]

근본적으로 요양원 시설이 집단 감염에 취약하고, 행복의 추구와 여생의 행복을 기대하기 어려운 구조라는 문제를 고려할 수밖에 없다. 그러나 그럼에도 초고령화시대에 요양시설은 기피해야하는 대상이 되기보다 보완해가야 할 대상이 될 수밖에 없을 것이다. 국민의 91.%는 장기요양보험제도에

---

38 유영규 외, 위의 책, p.183.
39 홍혜림, 「억지로 잠자는 노인들…요양병원에 무슨 일이」, 《KBS》, 2020.9.10.
　　http://news.kbs.co.kr/news/view.do?ncd=5001085

y

죽음으로 가는 시간 | 93

만족하고 있고, 만족도가 점차 높아지고 있다는 조사 결과도 있다.[40] 그러나 여전히 충분한 제도가 갖춰져 있다고 볼 수는 없다. 취약한 빈틈을 보완할, 또 다른 대안은 없을지 생각해 봐야 할 것이다.

5. 질병의 인정과 요양, 그리고 타나토스

질병 중에 어떤 질병은 내가 이러한 질병에 걸려 있다는 것을 스스로 인정하기도 전에, 사회적으로 인정받게 된다. 이른바 '요양등급'이라는 것이다.

노무현 정부 시절인 2007년 4월 노인장기요양보험법안이 처음 국회를 통과되어 국무회의 의결을 거쳐 공포되었다. 이듬해인 2008년 7월 노인장기요양보험제도가 처음 시행되었다.[41] 질병의 증세, 신체 활동의 정도, 일상생활에서 도움의 필요 정도에 따라 장기요양인정점수를 받게 되고, 그에 따라 1등급부터 5등급까지의 등급이 부여된다. 이러한 등급을 받게 되면 재가급여나 시설급여를 받게 되고, 시설급여 대상의 경우에는 노인의료복지시설, 즉 요양원에 입소할 수 있으며 비용의 일부를 지원받을 수 있다. 이른바 '요양병원'이라고 불리는 병원의 경우에는 요양등급과 무관하게 입원이 가능하다.

---

40 김정기, 「국민 91.5% 장기요양보험제도 만족한다」, 《충청투데이》, 2021.2.7. https://www.cctoday.co.kr/news/articleView.html?idxno=2123341

41 다음백과 「노인장기요양보험법」 항목 (https://100.daum.net/encyclopedia/view/b04n0154n10)

요양(療養)이란 단어는 표준국어대사전에서 '휴양하며 조리하여 병을 치료함'이라고 풀이된다. 그러나 대부분의 요양원에 입소한 입소자(혹은 환자)들은 '병의 치료'가 궁극적 목적이라고 보기 어렵다. 퇴원이 곧 죽음이라고 해도 과언은 아니다. 65세 이상 요양시설 입소자들에 대한 코로나19 백신 접종을 앞두고 정은경 질병관리청장이 브리핑한 것을 보면, 코로나19와 무관하게 매일 요양병원에서는 평균 240명이 사망하고, 전국적으로는 65세 이상 노인이 매일 600여 명이 사망한다고 한다.[42] 요양원에서의 사망자 통계는 명확하지 않지만, 응급 후송되어 사망하는 경우를 포함한다면 요양병원보다 결코 적지 않을 것이다.[43]

지업의 특성상 나는 죽는 사람을 많이 본다.

믿기 어렵겠지만, 대부분의 사망자는 어느날 불현듯 예고없이 죽음에 이른다. 물론 상태가 점점 악화되어 시름시름 앓다가 죽는 환자도 있다. 하지만 응급실을 찾는 사람은 경과가 조금 다르다. 대개 날벼락처럼 불시에 쓰러진다. 외상환자만 그런게 아니다. 내과를 포함한 거의 모든 환자가 그렇다. 허망하게 떠나는 환자는 매일 전국 응급실에 부지기수로 많다.[44]

42 김정현, 「정은경, "접종 무관 65세 이상 사망 600명, 인과성 신속판단」,《뉴시스》, 2021.3.22.(https://news.v.daum.net/v/20210322153404066)
43 요양원에서의 사망자 통계가 분명하지 않은 이유는 응급 상황 발생시 인근 병원으로 후송하는 것이 기본 매뉴얼이고, '사망확인서'는 의사만 발급할 수 있기 때문일 것이다. 요양병원과 달리 요양원에는 상주 의사가 없다.
44 조용수(전남대 의대 응급의학과 교수) 페이스북 2021년 3월 7일자 https://www.facebook.com/profile.php?id=100001567848059 (2021.3.20. 접속.)

위에 인용한 것은 전남대 의대 응급의학과 조용수 교수가 자신의 페이스북에 적은 글의 일부이다. 조용수 교수에 따르면, 오랜 투병 끝에 사망하는 환자도 적지 않지만, 갑작스럽고 허망하게 세상을 떠나는 환자도 적지 않다고 한다. 하버드 의대 교수이자 브리검 여성병원의 외과의인 아툴 가완디가 죽음에 이르는 상태를 우측과 같은 그래프로 그린 것[45]도 아마 그런 이유일 것이다.

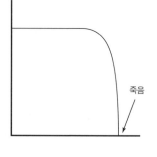

만성환자의 경우에도 크게 다르지 않다. 가완디는 이렇게 말한다.

> 치료가 그들을 더 나쁘게 만든 것처럼 보일 때도 있다. 하지만 이렇게 죽는구나 하는 순간 갑자기 상태가 호전된다. (중략) 증세가 나빠지기 전 상태로 돌아가는 경우는 없다. 병이 진전되고 기관 손상이 더 심해지면 작은 문제를 견뎌 내는 힘마저 없어진다. 단순한 감기도 죽음으로 이어질 수 있다. 마지막 단계는 항상 내리막길이고, 결국은 더 이상 회복할 수 없는 시점이 오고 만다.[46]

만성환자라고 해서 아주 조금씩 병세가 차츰차츰 악화되는 것이 아니라, 어느 순간 갑작스러운 악화가 반복되다가, 결국 그로 인해 사망에 이르는 경우가 많다는 것이다.

45 아툴 가완디, 김희정 역, 『어떻게 죽을 것인가 : 현대의학이 놓치고 있는 삶의 마지막 순간』, 부키, 2015, p.50.
46 아툴 가완디, 위의 책, p.52.

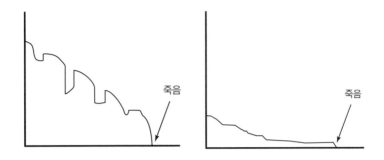

위의 왼쪽은 만성환자의 죽음의 과정을 그린 그래프이고, 오른쪽은 가완디가 그린 마지막 세 번째 그래프다. 건강하게 살다가 노화로 인해 사망에이르는 사람의 그래프이다. 의학과 공중보건의 발달로 평생 건강하게 살다가 나이 들어 죽는 사람이 많아지고 있다. 의학의 힘으로 여기저기 최선을다해 보수하고 기워 가며 유지를 하다가 신체 기능이 종합적으로 무너지면죽음에 이르는 것이다. 가완디는 이렇게 말한다. "많은 사람들에게 죽음의궤적은 길고도 느린 과정이 됐다."[47]

가완디는 질병과 노화의 공포는 단순히 생명의 소멸과 상실에 대한 두려움만이 아니라고 말한다. 그것은 고립과 소외에 대한 공포이기도 하다.[48] 요양시설은 중증의 만성질환을 앓거나 죽음이 멀지 않은 고령의 환자들이 머무는 곳이다. 그러나 치료가 목적이라기보다는 상태의 악화를 최소화하는것이 실제 목적이 되곤 한다. 그러다보니 안전과 규칙이 중시되기 마련이다. 어쩌면 당연한 것이지만 심신의 휴식과 여유가 보장되기는 어려운 것도사실이다. 가완디는 요양원은 '안전'하지만, 그 때문에 평범하고 보통의 삶

47 아툴 가완디, 위의 책, pp.53~54.
48 아툴 가완디, 위의 책, p.227.

이 보장되기 어려운 현실에 놓인다고 말한다.

> 요양원의 공식 목적은 간호와 보살핌이다. 그러나 이 기관에서 진화한 '보
> 살핌'이라는 개념은 앨리스 할머니가 보통의 삶이라고 생각하는 것과 너무
> 거리가 멀어서 견디기 어려웠다. 이렇게 느끼는 것은 할머니뿐이 아니었
> 다. (중략) 할머니는 자기가 들어갈 곳도 스스로 선택했다. 소비자 만족도가
> 높았고, 직원들도 친절했으며, 딸이 근처에 산다는 장점까지 있었다. 나와
> 만나기 한 달 전에 그곳으로 입주했다고 한다. 할머니는 안전한 곳에서 살
> 게 된 것이 기뻤다고 말했다. 괜찮은 요양원이라면 기본적으로 안전은 보
> 장되기 때문이다. 그러나 그녀는 너무도 불행했다. 문제는 그녀가 원하는
> 삶이 단순히 안전하다는 것 이상이라는 데 있었다.[49]

가완디는 '좋은 죽음'이 아니라 '좋은 삶'을 사는 것이 목표가 되어야 한다
고 주장한다.[50] 그러나 코로나19는 요양시설이 좋은 삶을 위한 장소이기는
커녕, 감염병 확산의 국면에서 세계적으로 끔찍한 사망자 속출의 공간이 되
곤 한다는 것을 보여주었다. 《뉴욕타임즈》 보도에 따르면 2020년 4월 뉴욕
의 요양원에서만 2500명이 넘는 사망자가 나왔다고 한다.[51] 2020년 3월에
스페인에서는 노인 요양시설이나 양로원에 사망자가 방치되었다는 기사도

---

49 아툴 가완디, 위의 책, pp.120~121.
50 아툴 가완디, 위의 책, p.373.
51 김다영, 「여기는 미쳐 돌아가고 있다 ; 뉴욕 요양원에서만 2500명 숨져」,《중앙일보》,
   2020.4.17. https://news.v.daum.net/v/20200417173959593

나왔었다.[52] 한국의 경우도 규모의 차이가 있을 뿐, 상황이 크게 달랐던 것은 아니었다. 2021년 1월 구로와 부천의 요양병원에서는 코호트 격리라는 이름으로 고령의 환자들이 사실상 방치되는 상황이 벌어졌었다.[53] 정의당 장혜원 의원이 중앙방역대책본부로부터 제출받은 자료에 따르면, 2021년 2월 10일 기준 국내 코로나19 사망자 1,486명 중 요양원, 사회복지시설 등 집단거주시설 내 사망자는 777명으로, 전체의 52.3%에 이르는 것으로 파악되었다. 이 중 요양병원 사망자가 367명, 요양원 사망자는 196명이었다.[54]

누구나 공평하게 감염될 수 있지만, 취약한 곳일수록 더 치명적인 감염병 코로나19의 영향이 노인요양시설에 가장 치명적이었다는 것은 분명한 사실이었다.

스위스 수도 베른의 보건 디렉터이자 극우 정당 SVP 소속인 피에르 슈네크가 1월 20일 일간지 〈NZZ〉와 한 인터뷰였다. 스위스의 코로나19 사망률이 높다는 기자의 말에 그는 이렇게 대답했다. "베른에서 지금까지 나온 사망자 850여 명의 절반인 400명 정도가 요양원 거주자다. 이 400명은 요양원에서 매년 죽는 사람들의 작은 일부분일 뿐이다. 요양원 평균 거주 기간은 사망 전 2년 정도다. 지금 요양원에 거주하는 1만 4000명 정도의 사람들은, 코로나19에 걸리건 안 걸리건 몇 년 뒤 거기 없을 것이다. 모든 사람은 죽게

52 강유빈, 「코로나19 혼란 속 버려진 스페인 양로원 사망자 방치도」, 《한국일보》, 2020.3.24. https://news.v.daum.net/v/20200324171127427
53 나경희, 「현황 파악조차 되지 않는 요양병원 코호트 격리」, 《시사인》, 2021.1.27. https://news.v.daum.net/v/20210127021008599
54 정의당 원내브리핑 보도자료 (2021.2.25.) http://www.justice21.org/newhome/board/board_view.html?num=139001

돼 있다. 팬데믹은 우리에게 이걸 다시 절실하게 깨닫게 해줬다."

우연의 일치인지, 유럽에서 안락사나 조력자살을 허용하는 나라들이 코로나19 대응 성적도 더 나쁘다. 어쩌면 바이러스보다 더 심각한 문제가 있는지도 모른다. 팬데믹은 사회의 근본 체계에 의문을 제기하게 만들었다. 안락사나 조력자살은 '좋은 죽음'일까, 아니면 '좋은 삶의 실패'일까.[55]

2007년 장기요양보험제도의 시행, 그리고 이번 정부 들어 추진 중인 치매국가책임제[56]는 중증의 환자나 고령 환자를 가족이 전적으로 책임지며 돌보는 것이 어렵고 힘들며, 위급 상황에 대처하기 힘든 사정들을 고려할 때, 바람직한 사회적 진보의 방향이라고 생각된다. 환자의 보호자인 가족 입장에서 고령의 만성질환자를 돌보는 간병 서사의 상상력은 개인과 가족의 불행으로 연결될 수밖에 없다.

드라마 〈나의 아저씨〉에서 이지안(이지은 분)은 할머니(손숙 분)가 박동훈(이선균 분)의 조언으로 요양등급을 받고 요양원에 입소하게 된 것을 큰 행운으로 여긴다. 그것만으로 이지안에게는 스스로의 자립과 생활이 가능한 기회가 생긴 것이다. 경제적 환경이 어려울수록 시설에서 생활하며 보호받을 기회가 생기게 되고 국가가 그것을 보장해주도록 제도화하는 것은 다행스럽고도 필요한 일이다.

그러나 한 입원실 안의 환경을 생각하면, 돌봄의 현실에 염려되는 부분도 적지 않다. 한 방에 기저질환이 있는 고령의 환자가 5~6명 이상 함께 거주

---

55 김진경, 「'좋은 죽음'인가 '좋은 삶의 실패'인가」, 《시사IN》, 702호, 2021.3.6. (https://www.sisain.co.kr/news/articleView.html?idxno=43970 2021.3.20. 접속)
56 http://치매국가책임제.nid.or.kr/

하며, 의료 지식이 충분하지 않고 몇 가지 자격과 절차만을 거쳐 최저임금에 고용된 간병인들에 의해 돌봄을 받는 상황에 충분한 휴식과 치료를 기대하기는 어렵다. 마치 근대 감옥과 학교의 구조처럼, 중앙 통제가 용이하게 설계된 요양시설의 건축 구조와 규칙적인 집단 식사, 생활 패턴 속에서 환자들은 각자의 자유와 행복을 기대하기 어려운 환경에 놓인다. 한 명의 요양보호사가 5~6명 이상의 입소자를 돌봐야 하는 환경에서 '안전사고'의 예방이 우선되고, 환자의 휴식과 요양, 치료는 크게 기대하기 어려운 것이 현실이다.[57]

특히 코로나19와 같은 감염병의 확산세 속에서 요양시설은 집단 감염과 사망자 속출로 이어지는 비극을 피하기 힘든 구조를 갖고 있다. 현재의 요양시설들은 요양이 아니라 타나토스의 공간이라는 사실을, '안전한 죽음'을 지향하는 사회적 욕망의 결과물이라는 사실을 인정해야 할 지도 모르겠다.

6. 나오며

가족 간병인들이 절망하고 심지어 간병 살인 충동에 빠지는 이유는 간병의 서사가 낙관적 상상력을 발휘하기 힘든 '비관적 서사'이기 때문이다. 비관적이고 절망적인 서사에 갇힌 사람은 누구나 우울증에 빠져들고 충동적인 판단에 현혹되기 마련이다. 단 며칠만의 휴식이라도 주어지길, 그리고

---

57 권지담, 「숨 멈춰야 해방되는 곳… 기자가 뛰어든 요양원은 감옥이었다」,《한겨레신문》, 2019.5.13. http://www.hani.co.kr/arti/society/rights/893616.html

아이보다 단 며칠이라도 더 살기를 꿈꾸는 중증장애인의 부모 이야기를 듣곤 한다. 치매 노인을 간병하며 지옥과 같은 시간을 보내고 있다고 하소연하는 간병 가족의 이야기들을 보곤 한다. 그들에게 완치의 희망을 심어주지는 못하더라도 잠시 삶의 여유를 안겨주기 위해서라도 요양제도의 확산, 그리고 국가와 시설의 개입을 늘리는 것은 바람직한 방향이라고 생각된다.

다만, 요양원이나 요양병원 역시 안심하고 환자를 맡기기 어려운 현실이라는 점도 분명하다. 제도와 시설의 보완도 필요하고, 보호자와 간병인, 그리고 환자와 의료인 사이의 소통과 공감이 충분하게 이루어질 수 있도록 많은 변화도 요구된다. 요양원과 요양병원의 역할에 대한 사회적 논의와 공적인 지원이 확대될 필요도 있다.

간병의 서사는 앞이 보이지 않는 절망의 서사가 되곤 한다. 오히려 적극적인 서사적 상상력이 필요한 이유다. 그 상상력의 전망 앞에서 생명의 유한함에 대한 겸손한 존중이 무엇보다 필요하다. 그리고 인간의 고통이란 질병 때문에만 생기는 것이 아니며, 질병으로부터 분리된다고 사라지는 것이 아니라는, 진실을 깨달을 필요도 있다. 질병으로부터 자유로워지고 분리되어야만 의료적 진료로 의미가 있는 것이라면, 노인의 요양이나 간병은 의학적으로 무의미한 시간 끌기이거나 기다림일지 모른다. 오히려 간병 살인은 불가피한 선택으로 오해될 수도 있다. 간병 역시 환자의 질병 못지않은 고통이다. 그것을 이해하고 받아들이는 데에서 출발할 필요가 있다. 간병은 고통으로부터 분리된 채로 행할 수 있는 것이 아니기 때문이다. 우리 모두는 조금씩 아프고 고통스럽기 때문이다.

성녀 시에나의 가타리나의 금식과 죽음

—중세 여성의 주체성

이상덕
_ 경희대학교 인문학연구원 HK+통합의료인문학연구단 HK교수

1. 서론

성녀 시에나의 가타리나의 일생과 죽음은 그동안 종교학계에서 주로 연구되었다. 특히 국내에서는 『종교와 문화』, 『가톨릭철학』, 『종교문화비평』 등 종교와 관련된 잡지에서만 이 주제를 다루었고, 그나서도 비교적 최근인 2009년에서야 연구들이 발표되었다. 가타리나의 저작인 『대화』의 번역본이 가톨릭 계열의 바오로딸 출판사에서 1997년에 처음 발행되었다는 점은 그 연구가 그리 주목받지 못했음을 말해준다. 그러나 성녀의 죽음은 비단 종교적인 의미에 국한되지 않는다. 그녀의 죽음은 중세 여성의 몸에 관한 당시의 사회적 인식을 반영하며, 이러한 사회적 인식의 한계를 극복하려는 한 여성의 노력을 보여준다. 이는 사회상의 변화와 맞물려 당시 최고 권위를 누리고 있던 교회에 대한 도전이 되었으며, 남성 중심 사회에서 여성이 제 역할을 할 수 있는 사회로의 변화를 의미했다. 교회가 중심이었던 사회에서 교회 내에서의 혁신은 사회 전체에 영향력을 끼칠 수 있었다. 이런 의미에서 가타리나의 죽음은 중세적 사고의 혁신을 가져왔다고 해도 과언이 아니다. 우리가 중세의 몸과 영혼을 이해하고, 이 둘의 분리를 통해 설명한 남녀 차별, 그리고 이 논리를 역으로 이용하여 그 차별을 극복하고자 했던 노력을 이해하고자 한다면 성녀 가타리나의 일생과 죽음을 재조명할 필요가 있다.

최화선은 2017년 논문, 「중세 여자 성인들의 음식, 몸, 물질의 종교: 캐롤라인 워커 바이넘의 저작을 중심으로」에서 중세 성녀들의 금식을 다룬 중요한 연구자인 캐롤라인 워커 바이넘(Caroline Walker Bynum)의 *Holy Feast and Holy Fast: The Religious Significance of Food to Medieval Women*(거룩한 만찬, 거룩한 금식: 중세 여성들에게 있어서 음식의 종교적 의미)을 분석했다. 최화선은 서문에서 바이넘의 책을 루돌프 벨의 *Holy Anorexia*(거룩한 거식증)와 비교한다. 벨은 중세 성녀의 금식을 현대의 거식증과 비교하였는데, 최화선은 이 두 증상이 벨이 주장한 대로 "주로 10대 중반-20대의 여성들에게 나타나며, 가족들과의 갈등 속에서 증상이 심화되고, 신체 전반의 기능이 뚜렷이 저하됨에도 불구하고 활동 과다 상태가 되며 결국 전문가의 도움이 필요한 상태에 이르게 될 만큼 건강이 손상되지만, 어느 순간 음식 거부 자체가 자신의 정체성이 되면서 이를 중단하기 더욱더 힘들어진다"는 점에서는 유사하지만, 이것만으로는 설명이 불충분하다고 한다. 그는 바이넘의 중세 성녀의 금식을 "중세 여성들의 삶 속에서의 음식 전반의 기능과 의미, 그리고 그들의 종교적 사고 속에서의 음식의 의미와 더불어 고찰"해야 한다는 주장에 깊이 공감한다.[1] 1985년에 나온 벨의 책이 중세 성녀의 금식을 종교적 거식증에 비유했다면, 곧이어 1987년에 나온 바이넘의 책은 벨의 주장의 한계를 지적하며 더 넓은 이해가 필요함을 역설했던 것이다. 최화선은

---

1 최화선, 「중세 여자 성인들의 음식, 몸, 물질의 종교: 캐롤라인 워커 바이넘의 저작을 중심으로」, 『종교문화비평』, 32권, 2017, pp. 93-94.

바이넘의 주장에서 "(금식을) 단지 남성들이 만들어낸 여성, 육체, 섹슈얼리티에 대한 혐오 담론의 내면화로 해석하지 않는다는 점, … 육체의 여성성에 대한 중세 그리스도교 담론에서 단순히 부정과 혐오만이 아니라 다른 적극적, 긍정적 상징들을 찾아내려 한다는 점"이 중요하다고 보았다. 성녀들이 예수와 일치를 이루려 하는 적극적 노력은 2009년 일부 발표된 이민지의 2010년의 석사논문 「서유럽 중세여성 금욕 수행 연구: 성스러움을 구현하는 몸」에 잘 나타나 있다. 최화선이 이충범의 논문집 『중세 신비주의와 여성; 주체, 억압, 저항 그리고 전복』이 여성들의 적극적 노력을 잘 드러내지 못하고 있다고 지적하는 것은 정당하다. 그는 가타리나의 죽음을 자살로 규정하거니와, "하나의 개인이 그가 속하는 공동체의 가치에 종속되는 정도가 강한 경우, 사회의 암묵적 권유와 찬양이 무의식적 강요가 되어 자신에 대한 공격을 감행하게 되는 것이 이타적 자살의 특징"이라고 하면서, 그녀의 죽음을 "영웅적 자살, 당시대의 여성 주체에 충실하려고 한 추앙받는 자살이며 이것은 근본적으로 사회/집단의 이념에 의해 저질러진 타살이라고 규정한다."[2] 이는 가타리나의 죽음을 수동적으로 이해하는 것이다. 그러나 이충범의 연구는 인간을 사회적 규범으로부터 완전히 자유로울 수 없는 존재로 본다는 특징이 있다. 그가 성녀들이 권위를 만들어가는 과정에서 사회적 규범에 충실했던 점에 초점을 맞추었던 것은 온당하다.

이 글에서는 성녀 가타리나의 금식을 그녀의 죽음에 대한 태도와 더불어 살펴보고자 한다. 죽음을 대하는 성녀의 모습으로부터 그녀의 실천이 적극적 행위였다는 점을 증명하고, 이러한 노력이 위기를 맞이한 중세 사회를

2　이충범, 『중세 신비주의와 여성; 주체, 억압, 저항 그리고 전복』, 동연, 2011, pp. 285-286.

변화시키는 동력이 되었음을 역설하고자 한다.

2. 시에나의 성녀 가타리나(Catherine of Siena)의 금식

가타리나 성녀에 관한 전기는 그녀의 고백신부였던 도미니크회의 카푸아의 라이문도가 1384년부터 1395년까지 쓴 『가타리나 성녀의 생애(Legenda Major)』가 대표적이다. 성인전이 그렇듯 전기작가의 주관이 개입되고, 찬양조의 글이기 때문에 비판적 수용이 필요하다. 성녀 시에나의 가타리나(Catherine of Siena)의 본명은 가타리나 디 야코포 디 베닌카사(Caterina di Jacopo di Benincasa)이다. 그녀는 1347년 3월 25일 이탈리아의 시에나 공국에서 어머니 라파 피아젠티(Lapa Piagenti)와 염색업자인 아버지 야코포 디 베닌카사(Jacopo di Benincasa)의 스물세 번째 딸로 태어났다(그중 반 정도는 사망했다). 그녀는 쌍둥이로 태어났는데, 자신은 어머니의 젖을 먹고 자라고, 동생인 지오바나(Giovanna)는 유모에게 맡겼다가 사망했다. 가타리나의 부모는 스물다섯 번째 딸에게 앞서 사망한 딸의 이름인 지오바나를 물려주었다. 가타리나는 평생 선택된 자로서 죄의식을 가지고 살았고 이 동생 덕분에 이 사실을 잊을 수도 없었다.

그래도 명랑하게 자라던 가타리나가 여섯 살이 되던 해에 그녀는 예수의 현현을 보게 된다. 그녀는 시집간 언니를 만나고 돌아오던 길이었는데, 예수가 영광의 자리에 앉아 있는 것을 보게 되었다. 그의 곁에는 바오로, 베드로, 요한이 함께 있었다. 일곱 살이 되던 해에 가타리나는 자신을 하느님께 봉헌하기로 서약한다. 그러나 그녀가 열여섯 살이 되던 해에 언니 보나벤투라

(Bonaventura)가 출산 중에 사망하고, 그녀의 부모님은 그녀를 보나벤투라의 남편에게 시집보내려 한다. 일찍이 보나벤투라가 남편에게 저항할 때 금식했던 것을 알았던 가타리나는 이러한 요구를 거부하기 위해 금식을 택했다. 가타리나는 자신의 긴 머리가 행여나 형부를 유혹할까 하여 잘라버리기도 했다. 그녀는 이때부터 마음속 깊이 방을 하나 만들어 그 안에 머무르곤 했다고 한다. 그녀는 가정 내에서나 사회에서, 심지어 교회에서도 기존의 관습을 따르기를 거부했다. 그녀는 결혼하지도 않았고, 아이를 갖지도 않았으며, 심지어 수도원에 들어가 수녀가 되는 것도 피했다. 그녀는 수도원에 들어가지 않고 홀로 생활하며 수도생활을 하는 도미니크 수도회에 입단했다. 그녀는 어린 시절부터 금욕을 해 왔었는데 이제는 아예 성체 배령 외에는 "조리되지 않은 야채 조금, 그리고 물만으로 섭취하는 음식을 제한하였다. 24세를 전후하여 그녀는 식욕 자체를 상실하였다고 하며 25세 이후에는 물 외엔 아무것도 먹지 않았다."[3] 그녀는 예수의 성체와 예수가 십자가에서 흘린 피를 일반식 대신 먹었다. 성체 배령시에 세례를 받지 않은 사람을 구분해 내거나 환시를 보는 등 신비를 체험하였고, 예수가 흘린 피를 생각하며 죽어 가는 사체의 고름을 빨아먹는다든가 배설물을 먹는 등의 고행을 하였다.[4] 그녀의 일대기를 남긴 카푸아의 레이몬드는 다음과 같은 기억을 기록했다:

"그녀는 날마다 성체를 배령하는 일이 버릇이 되어 삶의 일부가 되었다…
더 많은 성체를 배령하고 싶은 마음이 너무나 간절했기 때문에 그녀가 그것

---

3 이충범, 『중세 신비주의와 여성; 주체, 억압, 저항 그리고 전복』, 동연, 2011, pp. 206-207.
4 Bynum, C. W., Holy Feast and Holy Fast: The Religious Significance of Food to Medieval Women, Berkeley, 1987, pp. 171-172.

을 받을 수 없을 때면 그녀는 허기를 느끼고 몸에 힘이 빠지는 것 같았다…
그녀는 방금 언급한 환영(예수의 옆구리 상처에서 흐르는 피를 마시는 환영)을 보
거나 성체를 받을 때마다 하늘의 은총과 위안의 홍수가 그녀의 영혼을 휩쓸
었다. 이 은총과 위안이 얼마나 컸던지 그 여파가 그녀의 몸을 덮쳐 체액의
자연적 순환을 막고 위장의 활동을 바꾸어 놓았기 때문에 위는 더 이상 음
식을 받아들이지 않았다. 실제로 그녀에게 음식 섭취가 불필요할 뿐 아니
라, 너무나 큰 육체적 고통을 수반했기 때문에 불가능하기도 했다. 어쩌다
음식을 억지로 넘기기라도 하면 심한 고통이 뒤따랐고 소화도 전혀 되지 않
았다. 억지로 넘긴 음식은 모두 격하게 토해냈다."[5]

건강이 매우 악화된 가타리나의 말을 부모는 들을 수밖에 없었고, 가타리
나는 만텔라테 회원(Mantellate: 소매가 없는 수도복을 입고 가난한 이나 병자를 돕
는 평신도 수도회)이 되었다. 그녀는 글쓰기를 배웠고, 홀로 조용히 지냈다.
그리고 자신의 몫을 다른 이들에게 나누어주고 스스로는 성체 외에는 거의
먹지 않았다.

가타리나가 스물한 살이 되던 해(1368)에 그녀는 예수와의 '신비결혼'을 체
험하게 된다.[6] 그녀는 (할례한)예수 음경의 포피를 결혼 반지로 받는다. 그녀
는 이를 동정녀의 결혼과 동일시 하게 된다. 그녀는 어려운 사람들을 더욱

5 Raymond of Capua, Harvill Press and P. J. Kenedy & Sons. (trans. by), The Life of St.
   Catherine of Siena, North Carolina, 1960, 2011, p. 92; 유희수, 『낯선 중세』, 문학과 지성
   사, 2018, p. 384.
6 Raymond of Capua, Harvill Press and P. J. Kenedy & Sons. (trans. by), The Life of St.
   Catherine of Siena, North Carolina, 1960, 2011, pp. 99-101.

열심히 도왔고, 그녀 주변에는 사람들이 모이기 시작했다. 그녀는 공적 생활도 시작했다. 1374년 그녀는 도미니크 수도회를 방문하기 위해 피렌체로 간다. 이때 아마 고해사제로 카푸아의 레이몬드를 만난 것 같다. 이후, 그녀는 중·북부 이탈리아를 순회하며 강론을 했다. 그녀에게는 추종자들이 생겼다. 1375년 그녀는 스티그마타(stigmata)라고 하는 성흔을 받게 되었다. 이는 예수 그리스도가 수난당할 때 손, 발, 옆구리에 받은 상처가 그녀의 몸에도 나타나게 되었다는 뜻이다. 그녀는 더욱 열성적이어졌다. 그녀는 편지를 통해 자신의 의견을 널리 전달했다. 그녀의 편지는 영향력이 확대되어 이탈리아 공국들 간의 평화를 촉구한다거나 아비뇽에 머물고 있던 교황 그레고리우스 11세에게 로마로 돌아오라고 설득하기도 하였다. 결국 1377년 교황은 로마로 귀환했다. 1378년 내란과 치옴피의 난 등을 거치면서 가타리나는 거의 살해당할 뻔 하기도 했다. 교황 우르바노스 6세는 그녀를 로마로 초대하여 귀족과 성직자들 사이에서 중재의 역할을 하도록 했다. 그러나 이는 오래가지 못했다. 1380년 4월 29일 그녀는 33세의 나이로 사망했다.

3. 자기통제 성공의 경험

성녀 가타리나의 금식은 어떻게 이해될 수 있을까? 현대의 학자들은 가타리나의 금식을 거식증으로 설명하기도 했다. 이 장에서는 가타리나의 금식을 거식증 패러다임과 비교하여 이해해보도록 한다. 수잔 보르도는 거식증을 연구한 학자이다. 그녀는 거식증이 "우리 시대의 다면적이고 이질적인 고통들이 여러 겹으로 얽혀 있는 징후"라고 하면서 "다양한 문화의 흐름들이 거식증으로 수렴되어 완벽하고 정확하게 자신들을 드러낸"다고 말했다.[7] 그 흐름을 '지속성의 축들'이라고 표현했는데, 이를 이원론의 축, 통제의 축, 젠더/권력의 축 세 가지로 구분했다.[8] 그녀는 이에 대한 설명을 더 자세히 한다:

"이원론의 축들은 거식증이 갖고 있는 기본적인 몸의 이미지를 확인하고 명료하게 하는 데 도움을 준다. 통제 축은 "왜 지금인가"라는 질문을 탐색한다. 젠더/권력의 축은 이러한 탐색을 계속하지만, "왜 여성인가"라는 질문에 초점을 맞춘다."[9]

그녀의 패러다임을 수용하면서도 필자는 이 축들과 거식증을 경험하는 사람들 사이의 다이네믹을 더 면밀히 분석해 보고자 한다. 이를 위해 순서와 제목을 수정하였다. 먼저 통제 축을 "자기통제 성공의 경험"으로 수정하고 맨 먼저 다룬다. 이는 거식증을 시작하게 하는 방아쇠 같은 것이다. 통제는 꾸준히 이루어지지만, 그 첫 성공 경험이 매우 중요하다. 두 번째로 젠더/권력의 축을 "제약적 환경과 주체성 확보의 노력"이라고 수정했다. 이는 주어지는 환경만이 아니라 본인이 주체성을 가지고 행동하려는 의지 (agency)가 중요하다는 점에서 수정했다. 그러나 이러한 의지도 제약에 계속 부딪힌다. 그리고 제약에 맞서는 자격을 마련하기 위해 거식증 경험자는 자기통제를 더욱 강화한다. 마지막으로 이원론의 축을 "몸과 여성성에 대한

---

7 보르도, 앞의 책, p. 178.
8 보르도, 앞의 책, p. 178.
9 보르도, 앞의 책, p. 389, 각주 14.

거부"로 수정했다. 이는 사회와 개인이 내면적으로 가지고 있는 갈등으로 거식증의 기저를 이루고 있다. 몸과 정신의 이원론은 몸을 여성으로 정신을 남성으로 상징한다. 이는 특히 거식증에서 몸과 여성성에 대한 거부로 드러나기 때문에 수정했다. 현대의 이러한 거식증 패러다임이 14세기의 성녀 가타리나의 금식을 이해하는 수단이 될 것이다.

이 장에서는 먼저 자기통제 성공의 경험을 다룬다. 거식증을 경험하는 인물들 사이에 여러 공통점이 있지만, 그중 주목할 점은 이들이 인생의 어느 순간에 고통을 극복할 수 있는 자기통제 성공을 경험한다는 것이다. 가타리나 역시 언니 보나벤투라의 죽음 이후 부모의 뜻에 거역하기 위해 금식을 했고, 이것이 성공을 거두게 되었다. 그녀는 그 이후로 금식의 달콤함에 빠져들었고, 자신이 쇠약해지는 것도 모른 채 자기통제를 점차 강화하였다. 이들이 이러한 경험을 하는 것은 10대이다. 이들은 이 경험이 어떤 결과를 낳을지도 모른 채 받아들이게 된다. 그리고 성공의 수단으로 생각하며 이를 포기하지 않게 된다.

이러한 시작이 위험하다. 이들은 자기 밖에 있는 것을 통제하지 못한다는 경험을 무의식중에 하고 있었다. 그러다가 자신의 몸만은 스스로 통제할 수 있고, 자신이 그 안에서 제왕이 될 수 있다는 것을 깨닫게 된 것이다. 와츠는 이 지점을 정확하게 지적한다:

"의지의 성공으로 의식이 힘을 발휘하면 할수록, 그 개인 밖에 있는 모든 것은 더욱더 위협적인 것으로 느껴지기 때문이다.… 의지와 무관하게 자동적으로 작동하는 자기 몸도 그 위협적인 것에 포함된다.… 따라서 통제에 성공할 때마다 더 큰 성공을 원하게 되어서, 전능함에 이르기 전에는 그 과정을 멈출 수 없다."[10]

이들은 이미 돌아설 수 없는 길에 들어섰다. 이들은 자신이 인지하는 세계, 자신이 바라는(혹은 바라지 않는) 정체성, 그리고 주어진 세계에서 자신의 정체성을 가지고 어떻게 대응하며 살 것인가의 문제를 해결하는데 자기 통제를 단 하나의 수단으로 생각한다.

4. 제약적 환경과 주체성 확보의 노력

두 번째는 제약적 환경과 이에 대응하기 위한 주체성 확보의 노력이다. 거식증이 유행했던 1950-70년대와 성녀 가타리나가 살았던 1350-70년대 사이에는 600년의 시간차가 존재하지만, 이들이 산 시대 사이에는 유사점이 있다. 먼저 보르도가 설명하는 1950-70년대를 살펴보자.

"1950년대와 1960년대 초반-대부분의 환자 어머니들이 가정을 꾸리기 시작한 시대-에 걸쳐서 미국을 휩쓴 여성의 이상적 생활은 가정에 있다는 생각(베티 프리단이 '여성의 신비'라고 부른)에 대한 저항의 측면을 인식하는 것이, 거식증 이해에 필수적이다. 이 시기는, 2차 대전 후 여성들이 전쟁 동안 일한 일터에서 대량 해고되고 아내와 어머니라는 전업 주부로 되돌아가라고

---

10 Watts, A., *Nature, Man, and Woman* (New York, 1970), p. 145, 보르도, 앞의 책, p. 183에서 재인용.

뻔뻔스럽게 선전한 시기였다."[11]

전쟁 시기와 전후 시기에 인구가 줄어들고, 여성들을 필요로 하는 산업이 생기면서 여성들이 사회에 진출하는 일이 많아졌다. 특히 1970년대에는 여자가 아르헨티나의 대통령이나 영국의 총리 등이 되면서 페미니즘이 발전하기도 했다. 그러나 이와 동시에 줄어든 인구를 보충하고 가정을 회복하기 위해 여성을 가정에 매어 두려는 현상이 나타났다.

가타리나가 살던 1350-70년대는 유럽에 있어 가장 엄혹한 시기였다. 십자군 전쟁을 치르고 있었고, 흑사병이 돌았으며, 프랑스와 영국이 1337년부터 1453년까지 백년전쟁을 단속적으로 치르고 있었다. 이로 인해 유럽 인구의 1/3만이 살이 남았다고 전해진다. 이 시기 역시 남성들의 빈 자리를 여성들이 채우고 있었다. 그러나 여성들은 여전히 남성 권력에 눌려 있었다. 이러한 권력에 대한 대응으로 신비주의가 나타났다.

> "신비주의란 신에 대한 직접 체험과 인식을 말한다. 신비주의는 중개자를 배제한 환영 속에서 신과 합일하는 개인적 모험이므로 사제도 교회 기관도 필요치 않았다. 신비적 체험은 남성이 통제하는 교회에서 소외되었음을 느끼는 여성에겐 일족의 도피처였다. 신비주의는 일상적 구분을 폐기했다. 그것은 수도사에게도 사제에게도 평신도에게도 속하지 않았다. 그것은 담장과 경계를 넘었다. 그것은 교회 공간도 필요치 않았다."[12]

11 보르도, p. 200.
12 유희수, 앞의 책, p. 380.

이는 마치 가타리나를 위한 장치인 듯이 보인다. 그녀는 자신의 주체성을 확보하기 위해 사회적 제약을 비켜 갔다. 그러나 완전히 비켜 가지는 못했던 것 같다.

> "로마 교회는 신비주의자들을 이단으로 선언하는 경우를 제외하고 신비적 체험을 제도권 안으로 끌어들여 길들였다. 가장 효율적인 방법은 신비주의자들이 쓴 속어 저술을 남성 성직자들, 대개 고해신부들이 원문을 다듬고 첨삭하고 거기에 도덕적 고려를 첨가하여 라틴어로 개작하는 것이었다."[13]

이때문에 가장 손쉽게 할 수 있는 행동이 금식이었다. 남성들은 소유하고 있는 것이 다양했기 때문에 돈과 재산과 자식을 포기할 수 있었지만, 여성은 음식을 포기했다.[14] 이들은 페미니즘이라는 말은 나오기도 한 참전 자신의 정체성을 찾고, 주체성을 확보하려고, 자신이 자기 행동의 주인이 되기 위해 자기통제를 했다. 물론 이같은 금식 현상을 현대의 거식증이라고 할 수 있을지 의문을 제기할 수 있다. 그러나 같은 현상의 병리적 진화 과정을 거식증이라고 한다면 이는 충분히 거식증과 비교할 수 있을 것이다.[15] 여기서 중요한 것은 제약이 존재하고 이에 대한 대응으로 자신의 주체성을 확보하기 위해 금식을 하다가 병리로까지 진행되는 것을 거식증으로 본다는 것이다. 보르도의 말을 빌자면 "권력 관계가 특정한 집단에 의한 지배…를 수반한다고 해서 지배자가 그 상황을 완전히 조정하는 것도 아니며, 가끔은 피지배자

---

13 유희수, 앞의 책, p. 381.
14 유희수, 앞의 책, p. 386.
15 Bynum, 앞의 책, p. 206.

자신들이 상황을 진전시키거나 확대하는 결과를 가져오기도 한다. 이렇게 억압을 합작하는 것이 가장 명료하게 드러나는 경우가 바로 거식증이다."[16]

5. 몸과 여성성에 대한 거부

"몸은 필수적인 영양의 공급 때문에 우리에게 수많은 수고거리들을 가져다 주고, 게다가 어떤 병들이라도 생기게 되면, 있는 것에 대한 우리의 추적을 방해하기 때문입니다. 그것은 욕정들과 욕망들과 두려움들과 갖가지의 환상들과 많은 바보짓으로 우리를 가득 채워서, 하는 말대로, 참으로 진정 그것 때문에 우리는 결코 어떤 것도 사유할 수가 없게 됩니다. 전쟁들과 내분들과 싸움들도 다름 아닌 몸과 그것의 욕망들이 초래하는 것이지요. 모든 전쟁들은 재물의 획득 때문에 일어나는 것인데, 우리는 몸 때문에 재물을 획득하지 않을 수 없는 것이니 말입니다. 몸의 돌봄에 노예가 되어서 말이 지요. 그리고 이것으로부터 비롯하는 모든 것들 때문에 우리는 철학과 관련해서 여가 없이 살아가게 됩니다. 하지만 모든 것들 중 최악은 우리 중 누군가에게 그것으로부터의 여가가 정말로 생겨서 뭔가를 탐구해 보려 해도, 탐구 과정 중에 또다시 몸이 사방에서 끼어들어 소란과 혼란을 가져다주고 얼이 빠지게 만들기 때문에, 결국 그것으로 인해 진리를 볼 수 없게 된다는 사실입니다."[17]

---

16 보르도, 앞의 책, pp. 180-181.
17 Phaedon, 66c-d; 플라톤, 전헌상 역, 『파이돈』, 이제이북스, 2013, pp. 72-73.

"적(육욕의 광기)이 내 의지를 움켜쥐고서 내게 족쇄를 채웠다."[18]

플라톤과 아우구스티누스의 몸에 대한 담론이다. 이는 데카르트로 이어지는 심신이원론이다. 이 비유에서 몸은 비천하고 저열한 것이 된다. 어린 아이는 태어나서 어머니로부터 양육되면서 어머니의 젖을 빨고, 어머니를 만지면서 몸을 경험한다. 여성은 이렇게 몸의 원형이 되어 저열한 것의 상징이 된다. 반면, 아버지는 아이가 어느 정도 성장했을 때 규범을 가르친다. 이때문에 아버지는 정신적인 것을 상징하게 된다.[19] 이러한 이원론 때문에 여성은 몸을 통제하고자 한다. 이들은 몸이 불어나서 여성적인 성징에 드러나는 것을 혐오한다.[20] 월경을 건너뛰는 것을 기쁘게 받아들이고, 가슴이 없는 몸매를 선호한다. 가타리나 성녀가 육체적인 것을 예수로 치환하는 것은 이러한 사고에 대한 대응이다. 그녀는 자신과 예수의 결혼을 동정녀의 결혼에 비유했다. 육체적인 것이 개입하지 않은 정신적인 결합이라고 생각한 것이다. 그녀에게 육은 죄의 원천이다. 죽음은 육의 소멸을 의미하므로 이에 대한 두려움이 없다. 그녀가 1378년 내란 때 살해당할 뻔 했던 일을 순교할 기회를 놓쳤다고 표현한 것은 그녀의 죽음에 대한 태도를 반영한다. 그녀는 육적인 것은 성체를 제외하고는 모두 거부했다. 그녀 자신의 육은 모두 거부했다는 뜻이 된다. 중세 교회의 현실 아래에서 가타리나의 왕성한 활동의 동력은 영양이 아닌 예수의 은총이었다. 자기 자신의 의지와 신의 의지

18 아우구스티누스, 김평옥 역, 『성 아우구스티누스 참회록』, 범우사, 1994, p. .
19 Grimwood, T., "The Body as a Lived Metaphor: Interpreting Catherine of Siena as an Ethical Agent", Feminine Theology, vol. 13, 2004, pp. 63-64.
20 이충범, 앞의 책, p. 207.

가 합일을 이루어 구분이 되지 않는 경지에 이르렀던 것으로 보이며, 이를 '신비 결혼'으로 체험한 것이 아닌가 생각된다. 자기통제의 경험 역시 처음에는 스스로의 의지를 관철시키기 위한 것이었으나, 이 성공이 신의 은총을 통한 것이라고 믿게 되었고, 주체성을 확보하는 것 역시 자기를 드러낸다기보다 예수의 아내로서, 신의 뜻을 발휘하는 것이라고 생각했던 듯하다. 결국, 그녀의 의지는 유연하게 누군가에게는 한 여성의 의지로, 다른 누군가에게는 신의 의지로 이해되었다. 그녀의 금식이 거식증의 패러다임에 거의 맞아떨어지다 달라지는 부분이 바로 이 지점이다. 그녀는 자기 통제에 성공하고 제약적 환경에서 주체성을 가지고 활동하지만, 그녀는 이를 한 개인의 발현이라기보다 신의 발현이라고 생각했다. 그래서 자신의 육은 중요하지 않고, 자신의 영만이 신과 합일을 이루어 선을 행한다고 생각했던 것이다. 육의 완전한 포기가 완전한 주체적 개인을 가능하도록 했다.

6. 결론

성녀 가타리나의 생애는 그 개인의 몸에 있어서 매우 처절하다. 그러나 그녀가 행한 일들, 그녀가 정신적, 영적으로 세상에 끼친 영향은 지대하다. 둘 중 누가 진짜 가타리나일까? 개인은 자신의 주체성을 가지고 이는 개성으로 나타난다. 중요한 점은 주체성이 환경에 따라 다른 개성으로 나타난다는 점이다. 인간은 환경으로부터 완전히 자유로울 수 없다. 중세의 교회는 남성중심주의적 문화가 지배적이었다. 중세 초부터 시작된 교회의 권력 장악은 12세기부터 재개된 공의회들로 확인할 수 있다. 여성들은 공식적인 방법으로는 주도적인 역할을 할 수도, 개인의 개성을 드러낼 수도 없었다. 이원론의 발전과 원죄 개념은 인간을, 특히 여성을 죄가 있어 주체성을 가져서는 안 되는 존재로 만들어버렸다. 13세기에 등장하는 베긴회는 이러한 환경에서 주체성이 개성으로 드러난 방식이다. 이들은 어떤 공식적인 형태도 갖추지 않고, 일관성도 가지지 않았다. 지금와서 베긴으로 이해되는 사람도 당시에는 자신을 베긴이라고 인식하지 않았을 수 있을 정도이다. 그들은 기성 교회문화에 순응했고, 성실했다. 이들을 벌할 수 있는 방법이 없었다. 그러나 이들은 하나하나의 주체로서 개인이 역량을 가지고 개성을 발휘할 수 있다고 믿을 수 있는 토양을 마련했다.

가타리나 성녀 역시 이러한 시대적 변화 위에 있는 인물이었다. 그녀는 교회에 충실했고, 신실했다. 그러나 그녀는 신비 체험과 자기 통제를 통해 권위를 축적했고, 사회적 영향력을 행사할 수 있는 개인으로 개성을 드러냈다. 중요한 점은 개성을 드러낸 과정이다. 제약적 사회 안에서 그녀는 육을 철저하게 고통 속에 두었다. 그렇게 할 수 있는 힘을 그녀는 신에게로 돌렸지만, 이를 통해 주체적 개인으로 활동할 수 있었다. 사회적 제약은 그녀의 주체적 개인이 드러나는 방식에 변형을 불러왔다. 그녀는 자신의 육을 고통 속에 놓으면서 주체성을 획득할 필요가 없었지만, 그 사회가 그러했다. 그러나 결국, 그녀는 자신의 주체성을 드러내었다. 이를 신의 의지를 통한 것이라 이해하고, 이 이해 때문에 죽음마저 두렵지 않은 것이 되었지만, 그녀는 어떻게든 자신을 사회에 희생되도록 두지 않았다. 가타리나는 자신을 완전히 포기하면서 자신을 그 누구보다 완전히 얻게 되었던 것이다.

기독교의 죽음관

—묵시적 희망의 견지에서 본 잠듦과 깨어남

김재현
_ 계명대학교 Tabula Rasa College 조교수

지금까지 인류에게 죽음은 해결할 수 없는 문제다. 죽음이 존재한다는 사실을 알았을 때 겪게 되는 "비존재의 위협(P. Tillich)"[1]은 인간에게 큰 슬픔과 허무를 안긴다. 죽음은 결국 모든 것이 무로 되돌아가게 하기에 때로는 삶을 지속할 의욕마저 앗아가기도 한다. 거의 예외 없이 사람들은 가족 또는 지인의 죽음을 접하거나 시한부 판정을 받으면 큰 충격에 휩싸인다.

이러한 해결할 수 없는 죽음이 불가피하다는 사실은 불편한 진실이다. 하이데거는 인간을 "죽음을 향한 존재(Sein zum Tode)"이자 "종말을 향한 존재(Sein zum Ende)"라고 불렀다. 그는 "인간은 삶에 이르게 되자마자 죽기에 충분히 늙어 있다"는 말을 인용한다.[2] 인간이 죽는다는 것만큼 확실한 사실도 드물다.

불편한 진실인 죽음이라는 문제와 관련해서 종교는 오래전부터 인류에게 나름의 대답을 주었다. 원래 종교는 우주와 인생 물음에 대한 인류 최초의 대답이었다. 그리고 종교는 우주와 인생뿐 아니라 죽음 물음에 대해서도 대답이었다. 어쩌면 우주의 기원과 인생의 의미라는 문제보다 죽음 문

---

1 Alexander J. McKelway, 황재범, 김재현 옮김, 『폴 틸리히 조직신학: 요약과 분석』, 한들출판사, 2020, p. 43.
2 Martin Heidegger, *Sein und Zeit*, Vittorio Klostermann, 1977, pp. 314-326.

제에 대한 해답을 제공하는 것이 종교의 더 깊고 절실한 동기였을 수도 있다. "삶이 무서워서 사회를 만들었고, 죽음이 무서워서 종교를 만들었다"(H. Spencer)는 말은 죽음과 종교 사이의 밀접한 관련성을 지시한다.

종교는 다른 분야에서 해결하지 못하는 죽음의 문제와 관련해서 큰 힘을 발휘한다. 아직까지는 과학으로도 의학으로도 죽음 문제를 해결할 수 없기 때문에 인간의 삶의 영역에서 종교의 자리는 여전히 존재하고 있다.[3]

기독교도 근대 이전에는 주로 서양에서, 그리고 근대 이후로는 전 세계적으로 많은 사람들에게 죽음 문제에 대한 대답이 되어 왔다.

이 글에서는 기독교의 죽음관을 논의하려고 한다. 특히 죽음에 대한 기독교의 관점과 관련하여 기독교의 근간이 되는 성서를 살펴보려고 한다. 이를 통해서 기독교라는 종교의 죽음관과 사후관이 어떠한 경로로 형성되었으며, 어떤 가르침을 전하고 있는가를 설명하고자 한다.

기독교의 죽음관에 대해서 이야기하려면 기독교라는 종교에 대해서 먼저 이야기해야 하며, 그렇게 하려면 유대교(Judaism)와 관련된 이야기를 언급하지 않을 수 없다. 그래서 먼저 유대교와 기독교에 대해서 간략하게 설명하고 기독교의 죽음관으로 넘어가고자 한다. 아울러 죽음뿐 아니라 죽음과 결부된 부활과 내세에 대한 입장에 관해서도 함께 다룰 것이다.

---

3 그럼에도 불구하고 과학은 종교의 역할에 접근하고 있다. 최근 과학 기술은 질병 뿐 아니라 노화와 죽음을 극복하려고 시도한다. "포스트 휴먼(post-human)"과 "호모-데우스(homo deus)"를 선언하는 사람들은 곧 인류가 노화와 죽음을 극복하고 거의 영원히 살 수 있을 것이라고 기대한다. 기독교 신앙인인 필자의 지인은 "만약 과학이 영생을 줄 수 있다면 기독교보다 과학을 믿겠다"고 토로했다. 또 다른 지인은 "과학 기술을 통해서 영생을 얻으려면 돈을 많이 가져야 하고, 기독교 신앙을 통해서 영생을 하려면 전 실존을 걸어야 하니 고민이 된다"고 말했다.

1. 기독교의 발생: 유대교에서 기독교로

기독교는 유대교라는 뿌리에서 유래했다. 이 사실은 기독교라는 종교를 이해함에 있어서 극히 중요하다. 그 때문에 최근의 기독교 신학 연구에서는 유대교의 중요성과 비중이 점점 더 커지고 있다. '유대교'라는 용어는 설명하기 매우 복잡한 용어이다. 유대교는 '고대 이스라엘(ancient Israel)', '초기 유대교(early Judaism)'를 거쳐 '랍비 유대교(rabbinic Judaism)'와 예수 운동(Jesus Movement) 및 기독교로 발전되어 갔다. 그래서 기독교의 직접적인 모태(matrix)는 초기 유대교라고 할 수 있겠다. 초기 유대교는 고대 이스라엘의 역사와 히브리 성서의 전승을 뿌리로 하여 자라났고, 기독교와 신약성서의 모체가 되었다. 랍비 유대교와 기독교는 고대 이스라엘, 초기 유대교라는 공통의 전통을 함께 가지고 있다가 유사한 시기에 발생한 일종의 "이란성 쌍둥이(fraternal twins, A. Segal)"이다.[4]

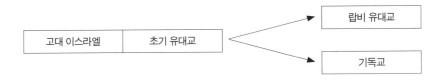

초기 유대교에는 여러 가지 전통들(묵시문학, 지혜문학, 쿰란문학, 초기 랍비 전승 등)이 있다. 이 중 기독교의 형성에 가장 큰 영향을 준 것은 묵시문학 전통이다. 묵시 현상이 기독교의 모태라는 케제만(E. Käsemann)의 주장은

---

4 Alan. F. Segal, *Rebcca's Children: Judaism and Chrisitianity in the Roman World*, Harvard University Press 1986, p. 179.

오늘날의 정밀한 연구에 의거해서 거듭 재확인 되고 있다.[5] 그렇다면 묵시문학이란 어떤 특징을 가지는가? 머피(F. J. Murphy)는 묵시문학의 공통요소를 다음과 같이 정리한다.

> (1) 현재 지상의 상황이 가까운 장래에 종료되리라는 간절한 기대, (2) 우주적 재난으로 실현되는 종말, (3) 역사의 구획화와 결정론(determinism), (4) 천사와 마귀의 활동, (5) 낙원으로 연결되는 새로운 구원, (6) 하나님 나라의 실현, (7) 제왕적 역할을 하는 중재자, (8) "영광"이라는 단어, (9) 이원론, (10) 선과 악 사이에 벌어지는 최후의 대결.[6]

대표적인 묵시문학 작품은 초기 에녹 전승, 다니엘서, 쿰란 문서, 에녹1서, 에스라4서, 바룩2서 등에 수록되어 있다. 위에서 머피가 언급한 것 가운데 빠져 있지만 참고해야 할 것 중 하나는 바로 부활 사상이다. 히브리 성서에서 부활에 대한 신앙이 잘 발견되지 않는다는 사실은 널리 잘 알려져 있다(예외적으로는 사26:19). 반면 다니엘서에는 부활과 관련된 내용이 포함되어 있다. 묵시문학 전통 중 다니엘서와 에녹1서가 중요하다. 특히 에녹1서에 주목할 필요가 있다.[7]

---

5 케제만의 잘 알려진 명제 "묵시 현상은 모든 기독교적인 사상의 어머니이다"라는 주장은 여전히 유효하며 시간이 지날수록 더 힘을 얻고 있다.

6 Frederic, J. Murphy, 유선명 옮김, 『초기 유대교와 예수 운동: 제2성전기 유대교와 역사적 예수의 상관관계』, 새물결플러스, 2020, pp. 244-248 참조.

7 "에녹1서는 5권의 소책자로 이루어져 있다(파수꾼들의 책1-3장, 비유들의 책37-71장, 천체들의 책72-82장, 꿈들의 환상83-90장, 에녹의 서신91-108장). 이를 "에녹 오경"이라고 부르기도 한다. 이 책 중 에녹1서 72-82장은 원래 아람어로 기록되었으며 이후에 헬라어로 번역되었다. "비유들의 책"은 에녹1서 5권 중 가장 늦게 기록된 것으로 판단되며, 그

묵시문학의 전통은 기독교로 이어진다.[8] 특히 예수의 생각은 다니엘서와 에녹1서의 생각과 근접해 있다.[9] 바울의 신학적 사고에도 다니엘서와 에녹1서는 큰 영향을 끼쳤다. "그러나 예수에게서 분명한 것은 그가 전적으로 다니엘서와 에녹서의 인자-종말론 안에 살고 있다는 것이다."[10] 예수의 묵시적 특성은 마가복음, 바울, 일반서신, 요한계시록으로 이어진다. 신약성서와 초기 기독교를 이해하기 위해서는 묵시적 전통을 이해해야 한다.

2. 죽음 이해

1) 죽음의 기원

기독교는 죽음의 기원을 아담과 이브의 범죄로부터 찾는 히브리(구약) 성서[11]의 입장을 이어받는다. 히브리 성서 중 창세기는 아담이 이브와 더불어

연대는 대략 B.C.40-A.D.70년으로 추정된다. 에녹1서의 헬라어 본문은 파편으로만 보존되어 있다. 그러나 그리스어 본문을 에티오피아어로 옮긴 사본이 에티오피아어로 보존되었다." 김재현, 『Q복음서: 유대교와 기독교의 잃어버린 연결고리』, 계명대학교출판부 2021, p. 195. 에녹1서와 기독교의 관계에 관해서는 Paolo. Sacchi, "The 2005 Camaldoli Seminar on the Parable of Enoch: Summary and Prospects for Future Research," in ed. G. Boccaccini, *Enoch and the Messiah Son of Man: Revisiting the Books of Parables*, Wm. Eedmans Publishing Co. 2007, p. 512.

8 John J. Collins, 박요한 영식 옮김, 『묵시문학적 상상력: 유다 묵시문학 입문』, 가톨릭출판사, 2006, pp. 473-512.

9 에녹1서에 관해서는 Jay Winter, 박창식 옮김, 『쉽게읽는 에녹서』, 도서출판 쥬빌리, 2020 참조.

10 Albert Schweitzer, 조남홍 옮김, 『사도바울의 신비주의』, 한들출판사, 2010, p. 101.

11 이 글에서는 현재 널리 사용되는 구약성서라는 용어를 사용하지 않고 히브리 성서라는

선악과를 먹음으로 말미암아 죽음이 비롯되었다고 말한다.[12] 성서의 관점에 따르면, 최초의 인간인 아담과 이브는 원래 "죽음을 향한 존재"가 아니었다. 그들은 하나님과 맺은 언약(ברית)의 파기로 말미암아 죽음에 이르게 된 것이다. 여기에서 두 가지의 사항에 주의를 기울일 필요가 있다.

첫째, 아담은 하나님의 형상(imago dei)이자 모습을 띠었으며, 천사 및 하나님의 아들들과 방불한 존재였다. 아담은 흙으로 이루어진 육체를 가지고 있었지만, 하나님의 형상과 모습이라는 신성의 편린을 가진 존재로 파악되었다.

히브리 성서와 초기 유대교는 초자연적 세계상을 가지고 있었다.[13] 원래 히브리 성서에서도 천사에 대한 관심이 있었지만, 초기 유대교에 이르면서 천사와 악마(타락한 천사)에 대한 관심이 급격하게 증폭되었다.[14] 히브리 성서에서 자주 등장하는 "야훼의 사자/천사(מלאך)"는 주목할 만한 존재이다. 이 개념은 하나님과 천사 사이의 중간적 존재의 의미를 가지고 있다. "출애굽기의 천사는 하나님의 현존을 표현하는 하나님의 이름을 소유할 뿐 아니라 하나님의 대리인으로 등장한다(출23:30-31)."[15] 하지만 이 개념은 포로기

용어를 사용한다.

12 신학자들 가운데서는 아담이 죄를 범하지 않았으면 죽음을 보지 않고 세상을 떠났을 것이라고 추정하기도 한다. 다소 역설적인 표현이지만 이를 "죽음 없는 죽음"이라고 부른다.

13 Michael S. Heiser, 손현선 옮김, 『보이지 않는 세계: 성경의 초자연적 세계관 회복하기』, 좋은 씨앗 2019; Paula Gooder, 이학영 옮김, 『마침내 드러난 하늘나라』, 도서출판 학영, 2021.

14 Alan F. Segal, *Two Powers in Heaven: Early Rabbinic Reports aobut Christianity and Gnosticism* E. J. Brill 1977; Annette Yoshiko Reed, *Fallen Angels and the History of Judaism and Christianity: The Reception of Enochic Literature* Cambridge University Press 2005 참조.

15 이형일, 『예수와 하나님의 아들 기독론: 초기 교회 고 기독론 형성에 관한 고찰』, 새물결

이후에 완전히 사라지고 개별 천사들(예를 들면 미가엘이나 가브리엘)로 대체된다.[16]

초기 유대교에서는 천사에 대한 관심의 증대와 더불어 아담에 대한 관심도 증가하게 되었다. 아담은 신화적인 존재로서 하나님의 아들이자 왕으로서 이해되었다.[17] 초기 기독교에서는 아담에 대한 특별한 관심이 있었다.[18] 신약성서 누가복음에는 예수의 족보(눅3:23-38)가 나타나는데 아담은 '하나님의 아들'로 간주된다. 바울서신 중 로마서와 고린도전서는 아담과 그리스도를 함께 고려하며 그리스도를 새로운 아담, 마지막 아담으로 이해한다.

둘째, 아담의 죽음은 언약 위반의 결과다. 호세아는 아담의 행동을 "그들은 아담처럼 언약을 어기고 거기에서 나를 반역하였느니라"(호6:7)에서 볼 수 있는 것처럼 언약 위반의 행위로 본다. 여기에서 기독교 죽음관이 비롯된다. 원래 인간은 죽게 피조되지 않았지만, 언약 위반의 죄의 결과로 죽게 되었던 것이다.

히브리 성서의-아니 성서 전체의-일관된 맥락은 언약에 있다. 언약에 대한 이해는 유대-기독교 이해의 핵심이기 때문에 언약을 제대로 이해할 때 유대교와 기독교 종교를 이해할 수 있다. 발터 아이히로트(W. Eichrodt)는 『구약성서신학』에서 구약성서의 일관된 맥락은 언약에 있음을 밝혔다. 초기 유대교의 문헌을 전반적으로 심층적으로 고찰한 샌더스(E. P. Sanders)는

플러스, 2016, p. 105.

16 *Ibid.*, 105.

17 최근 아담 관련 연구 문헌에 관해서는 Michael S. Heiser, 『보이지 않는 세계』, p. 414, 각주 10 참조.

18 이승현, 『바울의 아담 기독론과 새관점』, 감은사, 2020, pp. 45-56.

초기 유대교가 언약적 율법주의(covenantal nomism)의 패턴을 가지고 있다고 주장한다. 언약적 율법주의의 패턴 혹은 구조는 다음과 같다.

> (1) 하나님은 이스라엘을 선택했다. 그리고 (2) 율법을 주었다. 율법은 (3) 택
> 함받은 자들(the election)을 보존한다는 하나님의 약속과 (4) 순종의 요구 양
> 자(both)를 내포한다. (5) 하나님은 순종에 대해서는 보답하고 위반에 대해
> 서는 처벌한다. (6) 율법은 속죄의 수단을 제공한다, 그리고 속죄는 (7) 언약
> 관계를 유지시키거나 재설정하게 한다. (8) 순종, 속죄, 하나님의 자비로 말
> 미암아 언약에 머무는 자들 모두는 구원받을 자들의 그룹에 속한다. 첫 번
> 째와 마지막 요점의 중요성은 택함받은 자들과 궁극적 구원이 인간의 성취
> 가 아니라 하나님의 은혜에 의한 것이라고 생각된다는 점이다.[19]

유대교와 기독교에서 언약은 특별한 위치를 차지한다. 언약이 중심이며 율법은 언약에 수반된 것으로서 언약의 유지를 위해서 필요한 것이었다. 기독교의 성서 전체는 언약으로 읽을 수 있다. 아담 언약, 노아 언약, 모세 언약, 다윗 언약, 새 언약으로 이어진다.[20] 기독교 성서를 전체적으로 볼 때 언약이 반복적으로 갱신되었음을 알 수 있다.

아담 언약은 위반시 죽음이 언급된 언약이었다(창2:17; 3:3). 언약 위반이라는 죄의 결과는 죽음과 추방이다. 아담은 언약의 우두머리로서 불행과 죽

---

19 Edward. P. Sanders, *Paul and Palestinian Judaism: A Comparison of Patterns of Religion* Fortress Press 1977, p. 422.
20 Thomas. R. Schreiner, 임요한 옮김, 『언약으로 성경읽기: 세상을 향한 하나님의 목적』, CLC, 2020.

음을 세상에 가져왔다. 기독교는 예수를 자기 백성에게 의와 생명을 허락하는 마지막 아담으로 본다(롬5:12-19; 고전15:21-22).

2) 죽음의 현실

히브리 성서는 죽음을 긍정적으로 생각하거나 아름답게 생각하지 않는다. 그리스의 영혼불멸설에서 죽음은 영혼이 육체로부터 해방되는 것이기에(이러한 사고에 따르면 육체는 영혼의 무덤-감옥이다)[21] 죽음은 일종의 영혼의 해방으로도 생각된다(파이돈).

그러나 히브리 성서에서 죽음은 부정적인 것이다. 죽음은 삶의 허무함에 대한 감정을 불러 일으킨다. 지혜로운 자, 어리석은 자, 부자, 가난한 자 할 것 없이 모두 죽는다(전9:4). 인간의 삶은 연수가 칠십이고 강건하면 팔십이라도 그 연수의 자랑은 수고와 슬픔 뿐이고 빠르게 지나가니 날아간다(시90:10). 인간의 삶은 아침에 피었다가 저녁에 시드는 꽃과 같다(사40:6; 시90:5). 사망의 음침한 "골짜기"(시23:4)나 "죽음의 사슬"(시18:4-5) 등과 같은 비유는 죽음의 파괴적 힘을 말해 준다. 히브리 성서에서 죽음과 죽음의 세계를 말할 때는 주로 "음부(שׁאוֹל)"라는 개념이 사용된다. 이는 70인 역(LXX)에서 하데스(ᾅδης)로 번역되었는데 음부, 황폐한 곳을 말한다.

---

21 플라톤, 김인곤 옮김, 『고르기아스』, 이제이북스 2011, p. 152. 493a 여기에서 소크라테스는 "몸($σῶμα$)은 우리의 무덤($σῆμα$)"이라고 말한다. 이때 $σῆμα$는 무덤, 표지, 그리고 감옥이라는 의미이다. 플라톤, 『크라튈로스』 400b-c에는 $σῆμα$와 관련하여 무덤, 표지, 감옥의 의미가 설명되어 있다.

3) 죽음은 잠이다

히브리 성서에서 죽음은 1차적으로 흙으로 돌아감과 음부로 내려감으로
이해되었다. 그러나 기독교에서 죽음은 1차적으로 낙원에 감과 잠을 잠으
로 이해되었다. 기독교의 죽음에 관한 이해에 대해서는 아래의 도식이 유용
하다.[22]

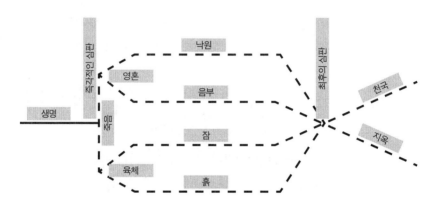

여기에서 특별히 주목할 것은 "잠"이다. 기독교에서 죽음은 "잠"으로 이해
된다. 흔히 많은 학자들은 신약성서에서 말하는 잠을 "은유"로 이해한다. 그
러나 신약성서의 잠은 "은유" 그 이상이다. 기독교에서는 부활이 전제되기
때문에 죽음은 은유적으로도 잠이면서, 실제적으로도 잠으로 이해된다. 신
약성서에서 죽음을 잠으로 묘사하는 본문은 다소 빈번하게 출현한다. 대표
적인 부분을 살펴보자.

---

22 Kennth P. Kramer, 양정연 옮김, 『죽음의 성스러운 기술: 세계 종교는 어떻게 죽음을 이
해하는가』, 청년사, 2015, p. 266.

① 복음서

요한복음서에서 예수는 나사로가 죽었을 때도 "잠들었다"고 말하고 있다.

> 이 말씀을 하신 후에 또 이르시되 우리 친구 나사로가 잠들었도다(κεκοίμητ
> αι) 그러나 내가 깨우러 가노라(요한복음 11장 11절)

이 본문에서는 καθεύδω 동사가 사용되는데 이는 잠드는 것을 말한다. 이 어휘는 극히 예외적으로 영면(永眠)을 의미하고(시87:6; 단12:2; 살전5:10), 거의 대부분의 경우에는 실질적으로 잠이 드는 것을 뜻한다. 의미가 전용되어 정신적인 나태함을 뜻하기도 한다.[23]

위의 성서에서 인용되는 요한복음의 내용을 바탕으로 해서 키에케고르는 『죽음에 이르는 병』이라는 저서를 썼다. 기독교적인 관점에서는 육체적인 죽음은 진정한 의미의 죽을 병이 아니다. 오히려 절망이 진정한 의미의 죽을 병, 죽음에 이르는 병인 것이다. 기독교적인 의미에서 볼 때, 육체적으로 죽은 나사로는 단지 잠든 것이다.[24]

② 사도행전

기독교 최초의 순교자라고 할 수 있는 스데반이 돌에 맞아 죽었을 때도

---

23 Walter Baur, 이정의 옮김, 『바우어 헬라어 사전: 신약성경과 초기 기독교 문헌의 헬라어-한국어 사전』, 생명의말씀사, 2017, p. 740.
24 Soren A. Kierkegaard, 김용일 옮김, 『죽음에 이르는 병』, 계명대학교출판부, 2006, pp. 17-18 참조.

"이 말을 하고 자니라"라고 묘사하고 있다.

> 그들이 돌로 스데반을 치니 스데반이 부르짖어 이르되 주 예수여 내 영혼을
> 받으시옵소서 하고 무릎을 꿇고 크게 불러 이르되 주여 이 죄를 그들에게
> 돌리지 마옵소서 이 말을 하고 자니라(ἐκοιμήθη)(사도행전 7장 58-59절)

스데반은 헬레니즘 계열의 기독교 공동체를 반영한다. 그는 묵시적인 신앙 전망을 가지고 있었다. 그가 묵시적인 전망을 가지고 있었음은 "말하되 보라 하늘이 열리고 인자가 하나님 우편에 서신 것을 보노라 한대"(행7:56)에서 잘 나타난다. 하늘의 열림 현상과 "인자(τὸν υἱὸν τοῦ ἀνθρώπου)"라는 어구는 스데반의 신앙이 묵시적인 전통에 서 있음을 반영한다. 그의 순교적 죽음은 잠으로 여겨졌다.

③ 바울 서신
바울은 데살로니가 교회의 교인 중 재림 이전에 죽은 사람들을 잠자는 자들이라고 불렀다.

> 형제들아 자는 자들에 관하여는(περὶ τῶν κοιμωμένων) 너희가 알지 못함을
> 우리가 원하지 아니하노니 이는 소망 없는 다른 이와 같이 슬퍼하지 않게
> 하려 함이라 우리가 예수께서 죽으셨다가 다시 살아나심을 믿을진대 이와
> 같이 예수 안에서 자는 자들(τοὺς κοιμηθέντας διὰ τοῦ Ἰησοῦ)도 하나님이 그와
> 함께 데리고 오시리라 우리가 주의 말씀으로 너희에게 이것을 말하노니 주
> 께서 강림하실 때까지 우리 살아 남아 있는 자도 자는 자(τοὺς κοιμηθέντας)

보다 결코 앞서지 못하리라(데살로니가전서 4장 13-15절)

위의 글에서 "자는 자들에 관하여는"에서는 현재 분사가 사용되었다. 그래서 지금 현재 잠들어 있는 사람들, 즉 현재 죽어 있는 사람들을 의미한다고 볼 수 있겠다. 그런데 나머지 구절에서는, 즉 예수 안에서 자는 자들(더 정확하게 번역하면 예수를 통하여 잠자는 자들)과 예수 안에서 "자는 자들"서는 단순 과거 분사를 사용하고 있다. 이 말은 잠을 자는 상태가 계속 이어져 오고 있음을 뜻한다. 이 잠자는 자들은 예수 안에서 죽은 자들(οἱ νεκροὶ ἐν Χριστῷ, 데살로니가전서 4장 16절)과 동일시되고 있다.

이상과 같은 구절들을 살펴볼 때, 기독교가 죽음을 잠으로 이해한다는 사실이 확인된다. 육체적인 죽음은 진정한 의미의 죽음이 아니다. 그것은 잠의 일종이다.

4) 영혼도 죽는가? 영혼도 잠자는가?

신약성서가 죽음을 잠으로 묘사한다고 할 때, 이는 영혼불멸 및 사후의 중간 상태와 관련 관련된 물음을 유발시킨다. 이에 대해서는 영혼수면설, 영혼멸절설, 영혼불멸설, 영혼유전설, 영혼윤회설 등의 다양한 의견이 제시된다.[25]

영혼도 죽는가? 영혼도 잠자는가? 이 문제와 관련하여 가장 근본적인 가정은 하나님은 근본적으로 몸과 영혼을 모두 멸할 수 있다는 것이다. 그러

---

25 Gospel Serve 편, 『성경문화 배경사전』, 생명의 말씀사, 2017, p. 99.

나 육체는 흙으로 되돌아가도 영혼은 낙원과 음부에 있게 된다. 그러므로 영혼이 죽거나 잠자다가 부활할 때 육체와 함께 부활하는 것은 아니다. 영혼은 낙원이나 음부에 있다가 최후의 심판 때 부활해서 천국(영생)과 지옥(영벌)으로 나뉘게 된다. 이는 영혼이 불멸한다는 입장을 의미하지는 않지만, 죽음이 곧바로 영혼의 소멸을 뜻하지는 않음을 보여준다.

3. 부활과 재림의 묵시적 기대

앞에서 살펴본 것처럼 기독교에서 육체적인 죽음은 잠을 의미한다. 육체적인 죽음이 잠인 이유는 그것이 깨어남을 전제하기 때문이다. 기독교인에게 죽음은 '영면'은 아니다. 그것은 깨어남을 염두에 두고 있다. 그 깨어남을 부활이라고 한다.

1) 예수와 부활 신앙

역사적 예수는 유대인이었다.[26] 그리고 그는 유대교 신앙 안에서 살고 활

---

26 역사적 예수 연구(historical Jesus research)는 예수를 신앙의 대상으로 고백하기보다는 역사적으로 연구하려는 신학의 사조를 말한다. 최근 역사적 예수에 대한 제3탐구(The Third Quest)는 예수의 유대적 특성에 각별한 관심을 가진다. 예수의 유대적 특성에 대한 연구서는 매우 방대하게 출판되었다. 이를 전반적으로 소개하는 저작은 N. T. Wright, 박문재 옮김, 『예수와 하나님의 승리』, 크리스챤다이제스트 2004; 대표적인 작품으로는 Edward P. Sanders, 황종구 옮김, 『예수와 유대교』, 크리스챤다이제스트 2008; Geza Vermes, 노진준 옮김, 『유대인 예수의 종교』, 은성 2019; Martin Hengel and Anna Maria Schwemer, translated by Wayne Coppins, *Jesus and Judaism*, Mohr Siebeck, 2019 등이 있다.

동했다. 예수는 유대교 종파 중 바리새파와 대결 관계에 있었지만 바리새인들이 가졌던 부활과 영에 대한 신앙은 공유했다. 다니엘과 에녹1서의 경향을 따라 묵시적 성향도 부활 신앙에 영향을 크게 끼쳤을 것으로 보인다. 예수의 부활 신앙이 잘 나타나는 일화는 막12:18-27이다. 예수는 부활이 없다고 주장하는 사두개인들에게 다음과 같이 말한다. "사람이 죽은 자 가운데서 살아날 때에는 장가도 아니 가고 시집도 아니 가고 하늘에 있는 천사들과 같으니라."(마가복음 12장 25절)

예수는 부활신앙을 가지고 있었다. 부활신앙은 묵시문학에서 두드러지게 나타난다. 다니엘서는

> 땅의 티끌 가운데에서 자는 자 중에서 많은 사람이 깨어나 영생을 받는 자도 있겠고 수치를 당하여서 영원히 부끄러움을 당할 자도 있을 것이며 지혜 있는 자는 궁창의 빛과 같이 빛날 것이요 많은 사람을 옳은 데로 돌아오게 한 자는 별과 같이 영원토록 빛나리라(다니엘12장 2-3절)

묵시 전통에서는 부활 이후에 천사와 같이 별과 같이 빛나게 된다고 보았다. 예수도 그러한 부활의 희망 가운데서 살았다.

2) 예수의 승천

묵시적 전망 가운데서는 부활의 도식만 있는 것이 아니라 승천의 도식이 있었다. 초기 유대교에는 승천자들에 대한 관심이 고조되었다. 에녹이 첫 번째 인물이었고, 이어 모세, 엘리야도 승천자로 이해되었다. 에녹은 인

자로 여겨지고, 이후에 천사와 같은 존재로 고양된다. 초기 유대교에 승천의 신앙 전통이 있었다는 사실은 주목할 필요가 있다. 다니엘 스미스는 초기 교회에서 예수의 죽음에 대한 사후 변호의 두 전통이 있었는데, 한 가지는 마가복음에 나타나는 바 빈무덤-부활의 전통이고, 다른 한 가지는 Q복음서에서 반영되는 바 승천-재림의 전통이라는 것이다. 초대 기독교 신앙에서 예수의 승천은 주목해야 할 특성이다.[27]

그런데 중요한 사실은 초기 기독교에서 예수의 부활의 도식과 승천의 도식이 결합한다는 것이다. 그래서 부활-승천이라는 도식이 성립된다. 신약성서 문헌 가운데 누가계 문헌인 누가-행전(Luke-Acts)은 승천을 매우 중시한다. 누가복음의 앞 부분에서부터 승천이 언급되고, 누가복음에서 예수의 죽음은 승천을 향한 도정으로 이해된다. 그리고 예수는 승천 이후 하나님 보좌 우편에 위치한다. 사도들이 활동하던 시절에 예수의 위치를 이해하려면 승천을 반드시 이해해야 한다.

예수의 부활과 승천은 기독교인의 운명에 대한 하나의 범례가 된다. 예수의 운명은 기독교인이 겪게 될 운명의 모범인 것이다. 바울은 예수의 부활을 기독교인의 부활의 증거로 제시한다. 그리고 그는 예수의 재림 때 아직 죽지 않은 사람은 에녹이나 엘리야처럼 죽음을 보지 않고 들림을 받게 될 것이라고 보았다.

---

27 Daniel A. Smith, *The Post-Motem Vindication of Jesus in the Sayhings Gospel*, T&T Clark 2005, pp. 113-115.

3) 바울과 묵시적 부활 신앙

앞에서 예수가 묵시적 전통의 영향하에 있었음을 밝혔다. 그런데 예수뿐 아니라 바울도 묵시적인 전통에 서 있다. 바울 연구가 중 베커(J. C. Baker)는 바울 사상의 일관된 중심은 그리스도 사건의 묵시사상적 해석에 의해 구성된다고 주장한다.[28]

① 데살로니가전서 4-5장

바울은 묵시 종말론자였다. 바울이 전했던 복음 자체가 묵시적이며 종말론적인 복음이기도 했다. 데살로니가전서는 바울의 서신 중 최초의 서신이면서 동시에 신약성서 가운데 최초의 서신이다. 그곳에서 바울은 다음과 같이 말한다.

> 그들이 우리에 대하여 스스로 말하기를 우리가 어떻게 너희 가운데에 들어 갔는지와 너희가 어떻게 우상을 버리고 하나님께로 돌아와서 살아 계시고 참되신 하나님을 섬기는지와 또 죽은 자들 가운데서 다시 살리신 그의 아들이 하늘로부터 강림하실 것을 너희가 어떻게 기다리는지를 말하니 이는 장래의 노하심에서 우리를 건지시는 예수시니라(데살로니가전서 1장 9-10절)

위의 1:9-10은 데살로니가 교회의 교인들의 신앙생활을 요약한 것이다.

---

28 John C. Beker, 장상 옮김, 『사도바울: 바울의 생애와 사상에서의 하나님의 승리』, 한국신학연구소, 1999.

동시에 데살로니가전서 1:9-10은 바울의 묵시적 복음의 요약문이다(M. J. Gorman). 데살로니가 교인들은 예수 그리스도의 부활을 믿고 재림을 대망하면서 살고 있었다. 바울의 묵시적 복음은 마가복음에 나타난 예수의 종말 설교(마가복음 13장)을 반영하고 있다. 데살로니가 교인들은 바울의 복음을 듣고 우상을 버리고 유일신 하나님을 믿게 되었고, 그의 아들 예수 그리스도의 부활을 믿고 재림을 대망하면서 살고 있었다. 사실 데살로니가전서를 보면, 흔히 말하는 바울 선포의 핵심인 이신칭의(Justification, 믿음으로 말미암아 의롭게 된다)가 두드러지게 보이지 않는다. 오히려 묵시적 맥락에서 예수의 재림이 핵심을 이룬다.

바울이나 교인들이나 모두 임박한 재림의 기대 속에서 살고 있었다. 그러다보니 고민이 생겼다. 재림 이전에 죽은 사람들이 어떻게 되는가에 관한 고민이었다. 바울은 예수의 죽음과 부활을 상기시키면서 그들도 살아날 것임을 확인시켜 준다. 그리고 재림의 순서를 말해 준다. 자는 자들이 먼저 앞서고 살아남은 사람들이 뒤따른다(살전4:13-17). 이는 초기 기독교인들이 죽음을 어떻게 이해했는가를 보여준다. 데살로니가전서에서 바울은 죽음을 잠으로 이해할뿐더러 기독교인들의 부활과 들려 올라감이 있을 것이라는 사실을 보여준다.

② 고린도전서 15장과 빌3:20-21

기독교인들이 신앙하는바, 죽음 가운데서 부활한다는 것은 어떠한 상태를 말하는 것일까? 바울 서신 가운데서 부활에 관해서 가장 상세하게 전해주는 본문은 고린도전서 15장이다. 이 장 전체가 부활에 대해서 길게 논하고 있다. 이 부분은 과연 바울의 묵시적 복음의 중심부라고 할 수 있을 것이다.

형제들아 내가 이것을 말하노니 혈과 육은 하나님 나라를 이어 받을 수 없고 또한 썩는 것은 썩지 아니하는 것을 유업으로 받지 못하느니라 보라 내가 너희에게 비밀을 말하노니 우리가 다 잠 잘 것이 아니요 마지막 나팔에 순식간에 홀연히 다 변화되리니 나팔 소리가 나매 죽은 자들이 썩지 아니할 것으로 다시 살아나고 우리도 변화되리라 이 썩을 것이 반드시 썩지 아니할 것을 입겠고 이 죽을 것이 죽지 아니함을 입으리로다 이 썩을 것이 썩지 아니함을 입고 이 죽을 것이 죽지 아니함을 입을 때에는 사망을 삼키고 이기리라고 기록된 말씀이 이루어지리라 사망아 너의 승리가 어디 있느냐 사망아 네가 쏘는 것이 어디 있느냐 사망이 쏘는 것은 죄요 죄의 권능은 율법이라 우리 주 예수 그리스도로 말미암아 우리에게 승리를 주시는 하나님께 감사히노니 그러므로 내 사랑하는 형제들아 견실하며 흔들리지 말고 항상 주의 일에 더욱 힘쓰는 자들이 되라 이는 너희 수고가 주 안에서 헛되지 않은 줄 앎이라(고린도전서 15장 50-58절)

위의 성서 구절은 부활 때 기독교인들이 어떻게 변화될지에 대해서 잘 묘사하고 있다. 바울은 이 구절에서 지금 우리가 가지고 있는 몸이 변화될 것을 전망하고 있다. 현재 우리가 지니고 있는 육체는 썩고 죽는 육체다. 그러나 바울은 부활시 지니게 될 몸은 "영의 몸"이 될 것이라고 보았다. 그 몸은 썩지 않고 죽지 않는다. 바울은 묵시적 부활의 상황에서 새로운 신체를 받게 될 것이라고 보았던 것이다. 위의 구절에서 사망은 "사망천사"를 가리키는 것으로 보아야 한다. 사망천사는 죄 및 율법과 연관되어 있다. 그러나 기독교인들은 예수 그리스도로 말미암아 죄, 율법, 사망으로부터 승리한다.

바울은 다른 곳에서 유사한 이야기를 한다.

그러나 우리의 시민권은 하늘에 있는지라 거기로부터 구원하는 자 곧 주 예수 그리스도를 기다리노니 그는 만물을 자기에게 복종하게 하실 수 있는 자의 역사로 우리의 낮은 몸을 자기 영광의 몸의 형체와 같이 변하게 하시리라(빌립보서 3장 20-21절)

이 구절에서 바울은 낮은 몸과 영광의 몸을 구별한다. 하늘에서 예수가 재림하면서 부활이 이루어질 때, 낮은 몸은 영광의 몸으로 변형된다.

4. 부활의 시기에 몸은 어떻게 되는가?[29]

이처럼 바울의 신학에 따르면, 부활의 시기에 사람들은 "영의 몸" 혹은 "영광의 몸"을 받는다. 이런 말은 무엇을 의미할까? "영의 몸"이라고 할 때는 기독교의 인간학과 밀접한 연관성을 맺고 있다. 바울 서신에는 기독교적 인간학의 내용과 개념들이 풍부하게 들어 있다. 바울의 서신에서는 몸($\sigma\tilde{\omega}\mu\alpha$), 육($\sigma\acute{\alpha}\rho\xi$), 영($\pi\nu\epsilon\tilde{\nu}\mu\alpha$), 혼($\psi\nu\chi\acute{\eta}$), 나($\grave{\epsilon}\gamma\acute{\omega}$), 속사람($\acute{o}$ $\check{\epsilon}\sigma\omega$ $\check{\alpha}\nu\theta\rho\omega\pi\circ\varsigma$), 겉사람($\acute{o}$ $\check{\epsilon}\xi\omega$ $\check{\alpha}\nu\theta\rho\omega\pi\circ\varsigma$), 마음($\kappa\alpha\rho\delta\acute{\iota}\alpha$) 등 다양한 인간학적 개념이 사용된다.

불트만(R. Bultmann)은 바울이 '몸'이라는 말로 인간의 전체를 가리켰다고 보았다. 그는 다음과 같은 유명한 말을 했다: "인간은 $\sigma\tilde{\omega}\mu\alpha$를 가지고 있는 것이 아니라 $\sigma\tilde{\omega}\mu\alpha$이다."[30] 즉, 몸은 인간의 일부이거나 인간을 구성하는 하

---

29 이하의 내용은 김재현, 「Q의 인간학적 개념들: $\sigma\omega\mu\alpha$와 $\psi\nu\chi\eta$를 중심으로」, 『예수말씀연구』 9, 예수말씀연구소, 2017, pp. 51-58의 내용 중 일부를 발췌 요약한 것이다.
30 Rudolf K. Bultmann, 허혁 옮김, 『신약성서신학』, 성광문화사, 2004, p. 190.

나의 요소가 아니라 인간 그 자체이다. 불트만은 바울의 몸 개념을 실존주의 철학의 관점에서 이해하는데, 그는 인간의 몸을 "자신을 소유할 수도 상실할 수도 있는" 가능성의 존재로 보고 있다. 즉, σῶμα는 생명의 가능성과 파멸의 가능성을 함께 가지고 있는 것이다.[31] 콘첼만(H. Conzelmann)도 불트만과 마찬가지로 인간을 육체와 영혼으로 이분법적으로 구분하는 것에 대해서 반대한다. 그는 σῶμα를 ἐγώ와 동일시한다.[32]

불트만 학파 이후의 많은 신약 연구가들은 대체로 과거의 이분법적 사고를 탈피해서 바울의 몸 개념을 이해하는 방향으로 나아갔다. 그닐카(J. Gnilka)는 몸이 그리스의 심신이원론과 같이 인간의 일부를 말하는 것이 결코 아님을 강조하고 몸을 언제나 전인으로 보아야 할 것을 강조한다. 그에 따르면 "몸은 결코 영혼과 대립되는 것이 아니다… 오히려 바울에게 영혼으로서만 존재하는 인간은 불완전한 인간이라 하겠다."고 말한다.[33] 홀트그렌(A. J. Hultgren)도 바울의 몸이라는 용어를 설명하면서 "몸은 한 개인의 물리적-사회적-영적 정체성을 가리키고 있고" "인간의 생명은 하나로만 환원될 수 없는 다양한 측면(물리적, 사회적, 영적)을 가진다"고 주장한다.[34]

그렇다면 몸과 육의 관계는 어떠한가? 플레처(S. Fletcher)는 "'육'이라는 용어는 성경 신학의 폭풍의 핵 중 하나이다"라고 말한다.[35] 콘첼만에 따르

31 *Ibid.*, p. 193.
32 Hans Conzelmann and Andreas Lindemann, 박두환 옮김, 『신약성서신학』, 한국신학연구소, 2001, p. 314.
33 Joachim Gnilka, 이종한 옮김, 『신약성경신학』, 분도출판사. 2014, p. 60.
34 Arland J. Hultgren, *Paul's Letter to the Romans: A Commentary*, William B. Eermans Publishing Company, 2011, p. 249.
35 M. Scott Fletcher, *The Psychology of the New Testament*, Hodder and Stoughton, 1912), p. 107.

면 '몸'과 '육'(σάρξ)은 서로 연관될 수 있지만 동의어는 아니다.[36] 그는 소외된 몸을 육이라고 본다. 이런 의미에서만 몸과 육은 동의어가 될 수 있다.[37] 바울은 이렇게 육과 동의어로 사용 가능한 몸의 상태를 '죄의 몸'(τὸ σῶμα τῆς ἁμαρτίας, 롬6:6) 혹은 '사망의 몸'(τοῦ σώματος τοῦ θανάτου, 롬7:24)이라고 표현했다 이때의 몸은 육과 다르지 않다.

제임스 던(J. Dunn)은 몸과 육의 관계를 다음과 같이 정리한다. 히브리 사상이 육체를 의미하는 '바사르בשר'라는 한 단어만을 가지고 있었던 것에 비해 바울은 σῶμα와 σάρξ를 구분했다는 점을 강조하며 "σῶμα의 의미의 스펙트럼은 대부분 중립적인 색채를 띠는 반면 σάρξ의 의미의 스펙트럼은 대부분 부정적인 색채를 띠는 것이 정상"이라고 주장한다[38] 그는 두 단어가 서로 다르지만 교집합을 가지는 개념이라고 보았다.[39]

필자는 몸의 통전성을 부인하지는 않지만, 이분법과 삼분법이 가능하다고 본다. 필자의 입장은 성서적 관점이 이분법적인 삼분법 혹은 삼분법적인 이분법이라는 것이다. 이러한 주장의 근거를 필자는 Q12:4에서 찾는다.

> Q12:4 몸을(σῶμα) 죽이고 능히 생명(ψυχὴν)을 죽일 수 없는 자들을 두려워하지 말아라. 능히 생명(ψυχὴν)과 몸(σῶμα)을 게헨나에서 멸망시킬 수 있는 이를 두려워하여라.

---

36 Hans Conzelmann and Andreas Lindemann, 『신약성서신학』, p. 316.
37 Rudolf Bultmann, 『신약성서신학』, p. 195.
38 James Dunn, 박문재 옮김, 『바울신학』, 크리스챤다이제스트, 2003, p. 132.
39 Ibid., p. 133.

기독교적 관점에서 볼 때, 생명은 영혼과 몸의 결합이고 죽음은 영혼과 몸의 분리다. 바울은 현재의 몸을 죄의 몸, 사망의 몸으로 이해했으며, 부활할 때 그와 다른 영의 몸, 영광의 몸으로 변화된다고 보았다.

5. 나가면서

기독교에 따르면 원래 인간은 죽음을 향한 존재가 아니었다. 기독교에서 죽음은 언약 위반이라는 죄의 결과로 말미암은 것이다. 기독교에서는 죽음 이후에 육체는 흙이 되고 잠을 자게 되지만, 영혼은 낙원과 음부에 처하다가, 최후의 심판 때에 다시금 몸을 받고 영생과 영벌로 나뉘게 된다. 죽음은 끝이 아니며 죽음 이후의 과정이 있다. 부활과 승천과 영생의 과정이 있다. 이 모든 죽음과 죽음 이후의 도식에서 큰 영향력을 발휘한 것은 묵시문학이었다.

기독교는 흔히 사랑의 종교로 알려졌다. 그러나 사실 기독교의 출발점으로 되돌아가면 기독교는 사랑의 종교라기보다는 희망의 종교, 묵시종말론적 희망의 종교임을 알 수 있다. 기독교의 희망이 담겨 있는 책이 신약성서다. 이러한 위대한 희망을 이해할 때, 묵시적 꿈을 이해할 때 비로소 기독교라는 종교를 이해할 수 있다. 묵시적 꿈과 비전에 따르면 새 하늘과 새 땅에는 죽음도 고통도 없다.

내가 들으니 보좌에서 큰 음성이 나서 이르되 보라 하나님의 장막이 사람들과 함께 있으매 하나님이 그들과 함께 계시리니 그들은 하나님의 백성이 되고 하나님은 친히 그들과 함께 계셔서서 모든 눈물을 그 눈에서 닦아 주시니 다시는 사망이 없고 애통하는 것이나 곡하는 것이나 아픈 것이 다시 있지 아니하리니 처음 것들이 다 지나갔음이러라(요한계시록 21장 3-4절)

묵시적 부활의 희망이 있기에 죽음은 잠이 될 수 있다. 이러한 희망을 가진 사람들은 이 세상에 궁극적인 가치를 부여하지 않고 살아간다. 고전7:29-31을 보면, 바울은 묵시적이고 종말론적인 삶에 대해서 다음과 같이 살아가라고 말한다: ① 아내 있는 자들은 아내 없는 것같이 ② 우는 자들은 울지 않는 자같이 ③ 기쁜 자들은 기쁘지 않은 자같이 ④ 매매하는 자들은 없는 자같이 ⑤ 세상 물건을 쓰는 자들은 다 쓰지 못하는 자같이. 왜 이렇게 살아야 하는가? 바울은 말한다; "이 세상의 외형(σχῆμα)은 지나감이니라." 그렇게 세상을 마치 없는 것처럼, 무처럼 여기면서 항상 기뻐하고, 늘 기도하고, 모든 일에 감사하며, 믿음과 희망과 사랑으로 살아간다.

불교에서 보는 죽음

—죽음의 정의, 과정, 임종과 내세, 극복의 문제에 대하여

문현공
_ 동국대학교 불교대학 조교수

불교에서 보는 죽음은 어떤 것일까. 죽음은 그저 끊임없이 계속되는 윤회 속에서 반복되는 현상일까. 또한 불교의 깨달음은 죽음과 어떤 연관성이 있을까. 이 글에서는 죽음의 정의, 죽음에 이르는 과정, 임종과 내세, 그리고 죽음 극복의 문제에 대한 불교적 관점을 탐색할 것이다. 나아가 죽음은 생명 활동의 정지라는 일반적인 시각과 더불어 '살아 있는 죽음'에 대해서도 살펴볼 것이다. 살아 있는 죽음이란 육신은 살아 있지만 마음은 죽은 것과 마찬가지인 상태로서 불교적 용어로는 '방일'(放逸, pamatta)로 표현된다. 특히 방일은 불교의 명상법 중 하나인 '죽음에 대한 마음챙김'(maranasati, mindfulness of death)과 함께 알아보도록 하겠다.

1. 현대의 죽음 정의와 불교적 정의

1) 의학적 죽음 정의

죽음이란 무엇인가. 죽음을 간단히 정의하면 '생물의 생명이 끝난 현상'이다. 생물은 '살아 있는 어떤 것'이며 생명은 어떤 것이 탄생하고 살아가다

[生], 수명(壽命: life span, 생존 기간)이 끝난 것이다. 좀 더 자세한 죽음에 대한 정의를 탐색해 보면 먼저, 죽음의 종류는 크게 자연사와 외인사로 나뉜다. 자연사는 나이가 들어감에 따라 신체가 쇠약해지고 질병을 얻어 사망하는 것으로, 일반적인 죽음이다. 반면 외인사는 특정 사건이나 조건으로 인해 발생하는 부자연스러운 죽음으로서 자살, 타살, 사고사가 그 예이다. 또한 사망에 이르는 직접적인 원인으로는 신체와 장기의 손상으로 인한 심폐 기능정지, 질식, 실혈 등이 있으며 신체가 손상된 원인으로는 암, 내분비 및 대사성 질환, 호흡기 및 소화기 계통 질환 등이 있다.[1]

의학적 죽음의 정의는 심폐사, 뇌사 두 가지로 대변할 수 있다. 심폐사는 말 그대로 심장과 폐기능이 정지한 것으로 혈류의 순환과 호흡이 정지된 것을 말한다. 심폐기능이 멈추면 맥박, 혈류, 숨이 멎고 이후 모든 생체 기관들의 작동이 멈춘다. 19세기까지는 자발적인 호흡의 유무가 죽음을 판정하는 기준이었으나 이 기준에 따라 사망한 사람이 되살아난 경우들이 보고되었다. 이후 죽음을 선언하기 위해서는 충분한 시간을 두고 관찰했으며 호흡의 정지가 죽음 판정의 기준이 되기에는 다소 불완전했다. 이에 따라 호흡, 다시 말해 폐기능보다는 자연스럽게 심장 기능의 정지가 명확한 죽음 기준으로 자리 잡게 되었다.[2]

죽음의 판정이 심장사로 자리 잡으면서 사망 판정을 내리기가 간단해지는 듯했으나 현대 사회에 이르러 의학 기술이 발달함에 따라 죽음 판정의 기준이 새롭게 생겨났다. 인공호흡기, 인공 심장의 개발 같은 의과학의 발

---

1 유성호, 「사망원인과 사망의 종류결정」, 『대한의사협회지』 61, Korean Medical Association 2018, pp.453-455.
2 박찬욱 외, 『죽음, 삶의 끝인가 새로운 시작인가』, 운주사, 2011, pp.274-275.

달은 인간이 심장과 폐 등 인체를 자발적으로 컨트롤하는 '뇌'의 도움이 없이도 생존이 가능하게 만들었다. 의과학의 발달은 '뇌사'라는, 기존에 없던 새로운 죽음 기준을 만들어 낸 것이다. 뇌는 심장, 폐 등 인체의 모든 장기를 조절하는 '컨트롤 타워'의 역할을 한다. 만약 뇌의 중추 부위, 특히 호흡, 맥박, 혈압 등 생명 유지에 핵심적 기능을 담당하는 뇌줄기(brainstem)가 파괴되면 뒤이어 자연스럽게 호흡, 심정지로 이어지고 결국 심폐사하게 된다. 그러나 인공호흡기로 인해 인위적인 생명 유지가 가능해지면서 새로운 국면이 전개되었다. 뇌줄기의 '비가역(非可逆, irresversible)적' 손상이 일어난 사람은 스스로 호흡을 할 수가 없기 때문에 인공호흡기의 작동을 멈추면 곧바로 죽게 된다. 그러나 인공호흡기를 삽입해 놓으면 말, 생각, 행동 등 모든 행위가 중지된 '호흡만 하는 신체'만이 병상에 누워 있을 뿐이다. 외부의 기계에 의존해 그저 장기만 작동하는, 일종의 살아 있는 시체에 대해, 생명윤리, 인간의 존엄성, 죽음의 재정의 등의 많은 논의가 일기 시작했다.

1967년 남아프리카공화국에서 뇌사 상태에 빠진 환자로부터 심장을 이식하는 수술이 성공했는데, 이는 뇌사를 죽음 판정의 기준으로 정하는 논쟁에 불을 붙였다. 뒤이어 1968년 하버드 의과대학 특별위원회에서 뇌사를 '뇌 기능의 완전한 정지' 또는 '불가역적 혼수상태'로 정의하면서 뇌사의 기준이 제시되었고 호주에서 열린 제22차 세계의사총회에서 뇌사를 사망 기준으로 인정한다는 '시드니 선언'이 채택된다. 한국 또한 1999년 '장기이식에 관한 법률'이 제정되며 '뇌사자가 이 법에 따라 장기 적출로 사망한 경우에는 뇌사의 원인이 된 질병이나 행위로 인해 사망한 것으로 본다'고 규정하며 뇌사를 인정하고 있다.[3] 정리하자면, 현대의 죽음 정의는 심장과 폐, 뇌의 비가역적 손상으로 인한 기능 정지로 정의하며, 죽음은 육체적 영역에 주로 국한되어 있다.

2) 불교적 죽음 정의

현 사회에서 죽음의 정의는 심폐사, 뇌사 같은 의학적 정의가 기준이며 의학적 죽음 정의는 신체 기능을 중심으로 내려진다. 그렇다면 불교에서 보는 죽음의 정의는 어떨까? 『상윳따니까야(Saṃyutta Nikāya)』에서는 다음과 같이 죽음을 정의한다.

> 죽음이란 무엇인가? 여러 종류의 중생들의 없어짐(cuti), 옮겨감(cavanatā), 파괴(bheda), 소멸(antaradhāna), 죽음(maccumaraṇa), 생명의 끝(kālakiriyā), 쌓임의 파괴(khandhānaṃ bhedo), 신체의 버림(kalebarassa nikkhepo), 생명기능의 단절(jivitindriyassa upacchedo), 이것을 죽음이라고 한다.[4]

위 인용문에서는 죽음에 관해 다양한 표현을 제시하며 정의 내리지만, 주된 내용은 의학적 정의와 유사하게 생명과 신체기능의 파괴나 중단이다. 하지만 '옮겨감(cavanatā)'과 '쌓임의 파괴(khandhānaṃ bhedo)'에서 불교적 특색이 드러난다. 옮겨감이란, 불교적 윤회관을 보여주는 말로 현생에서 내생으

---

3 이준일, 『13가지 죽음』, 지식프레임, 2015, pp.39-41
4 *Saṃyutta Nikāya II*, Pali Text Society, 1975, p.3

로 '이동함'을 의미한다. 또한 '쌓임의 파괴'는 '오온(五蘊, pañca khandha)의 파괴'를 의미하는데,[5] 특히 이 부분이 불교의 특색을 드러내는 지점으로 불교에서는 죽음을 오온과 연결지어 정의한다.

『맛지마니까야(Majjhima Nikāya)』에서는 "죽음이란 수명(āyu), 온기(usmā), 의식(viññā)의 해체이다."[6]라고 죽음을 정의한다. 수명은 생명의 지속기간, 온기는 체온을 뜻하며 이들은 육체의 영역에 있다. 의식은 '식(識)'을 말하며 오온의 다섯 가지 구성요소 중 하나로서, 마음의 영역에 있다. 『증일아함경(增壹阿含)』에서는 "죽음이란 다섯 가지 결합[五親]이 나누어져 오온[五陰]을 버리고, 명근(命根)이 끊어져 파괴된 것이다."[7]라고 말하며 죽음과 오온을 함께 다룬다.

오온은 인간이 색(色) · 수(受) · 상(想) · 행(行) · 식(識)의 다섯 가지 요소로 구성되어 있다는 불교의 존재관이다. 다섯 가지 요소 중 물질, 즉 육체를 의미하는 색(色, rūpa)을 제외하고 나머지 네 가지는 마음의 영역에 있다.[8] 수(受, vedanā)는 호불호, 슬픔, 분노 등 인간의 정서 작용을 말하며, 상(想, saññā)은 관념 및 개념, 이미지를 형성하는 작용, 행(行, saṅkhāra)은 의도와 의지를 발동하는 마음, 식(識, viññāṇa)은 인지, 의식, 알아차림의 역할을 하는 마음이다. 정서, 의도, 관념 등 마음 작용이 일어나기 전 선행되는 요건은 마음이 대상을 감지, 식별, 판단하는 것이며 이는 불교용어로 '식'이

---

5 이필원, 「초기불교의 임종관」, 『선문화연구』 14, 한국불교선리연구원, 2013, p.160.
6 *Majjhima Nikāya I*, Pali Text Society, 1979, p.296.
7 『增一阿含經』, T.2. (大正新修大藏經, Taishō Shinshū Daizōkyō), p.797c.
8 수(受, vedanā): 정서작용, 상(想, saññā): 관념작용, 행(行, saṅkhāra): 의지작용, 식(識, viññāṇa): 인식작용.

다. 식은 수, 상, 행의 마음 작용의 배후에서 작동하는 중추인 것이다. 경전에서는 "왜 식(識)이라 부르는가? 식별한다고 해서 식이라 한다. 그러면 무엇을 식별하는가? 신맛, 쓴맛, 매운맛, 단맛, 떫은맛, 짠맛, 싱거운 맛을 식별한다. 식별한다고 해서 식(識)이라 한다."[9]고 언급한다. 따라서 식은 인지(cognition), 의식(consciousness) 등으로 이해할 수 있다.

또한 식은 불교의 죽음을 발생시키는 열두 가지 과정인, 십이연기(十二緣起)의 중 3번째에 위치하며 유식 불교에서 식을 여덟 가지로 분류해 다루는 등 인간의 마음을 지칭하는 대표적인 불교적 용어이다. 이처럼 불교의 죽음 정의에서는 '식'과 '오온'을 함께 언급하고 있는데, 오온 중 육체적 요소는 한 개뿐이며 네 가지는 모두 마음의 영역에 있다. 따라서 불교적 죽음 정의는 육체보다는 '심체(心體)' 즉, 마음에 무게를 두고 있음을 알 수 있다. 아울러 죽음 극복의 실마리 또한 '마음'에 있음을 암시하고 있다.

2. 죽음에 이르는 과정에 대한 불교적 관점

불교에서 죽음에 이르는 과정을 일컫는 대표적인 말은 '생로병사', 다시 말해 태어나고, 늙고, 병들어 죽는 것이다. 생로병사는 보편적이며 당연한 말이긴 하지만 어떤 상세함이나 특별함은 없다. 그러나 '십이연기(十二緣起)' 는 인간이 죽음에 어떻게 이르는지를 보여주는 불교의 특별함과 상세함을 갖춘 사상이다. 『상윳따니까야』에서는 다음과 같이 십이연기를 설명한다.

---

9 *Saṃyutta Nikāya III*, p.79.

무명(無明, avijjā)이 있을 때 행(行, saṅkhāra)이 있고, 행이 있을 때 식(識, viññāṇa)이 있고, 식이 있을 때 명색(名色, nāma-rūpa)이 있고, 명색이 있을 때 육처(六處, saḷāyatana)가 있고, 육처가 있을 때 촉(觸, phassa)이 있고 촉이 있을 때, 수(受, vedanā)가 있고, 수가 있을 때 애(愛, taṇhā)가 있고, 애가 있을 때 취(取, upādāna)가 있고, 취가 있을 때 유(有, bhāva)가 있고, 유가 있을 때 생(生, jāti)이 있고, 생이 있을 때 노사(老死, jarā-maraṇa), 근심, 고통, 슬픔이 있다.[10]

무명에서 시작해 죽음으로 귀결되는 과정을 순서대로 관찰하는 것을 순관(順觀), 죽음이란 최종 결과에서 무명까지 거슬러 올라가는 것을 역관(逆觀)이라 하는데 실제로 붓다가 보리수 밑에서 관찰했던 방법은 역관으로 추측된다.[11] 왜냐하면 붓다의 출가 동기는 깨달음이 아니라, 죽음을 포함한 인간존재의 고(苦)였기 때문이다. 다른 말로 표현하면 깨달음의 시작점은 죽음에서 비롯되었던 것이다.

붓다처럼 십이연기를 역관(逆觀)으로 살펴보면,[12] 먼저 노사(老死, jarā-maraṇa)는 인간의 육체가 서서히 노쇠하여 사멸하는 것이다. 늙고 죽음이 결과라면 전제 조건, 원인은 생(生, jāti)이다. 생은 '태어남'을 뜻하는데 경에서는 "태어남이란 무엇인가? 여러 부류의 중생들로 태어남, 생겨남, 쌓임의

---

10 *Saṃyutta Nikāya II*, p.1.
11 후지타 코타츠, 권오민 옮김, 『초기 부파불교의 역사』, 민족사, 1989, pp.76-77.
12 십이연기와 역관의 내용에 대해서는 '문현공, 「불교와 유교의 죽음관에 대한 고찰」, 『철학·사상·문화』 24, 동서사상연구소 2017'를 주로 참고했으며 일부 내용은 재인용했음을 밝힌다.

나타남(khandhānaṃ pātubhāvo), 감각 대상의 획득(āyatanānaṃ paṭilābho)을 말한다."[13]고 설명한다. 생의 조건이 되는 것은 유(有, bhāva)인데, 이는 어근 'bhū'에서 나온 말로 '있다(be)', '되다(become)'의 의미로서 태어나기 위해 모태 내에 머물게 되는 존재를 뜻한다.

또한 유의 조건이 되는 것은 '집착'을 의미하는 취(取, upādāna)로서 유는 '집착'[14]에 근거한다. 취의 조건이 되는 애(愛, taṇhā)는 경전에서 갈애(渴愛)라고도 표현되는데 이는 끝없는 만족을 추구하는 인간의 본능에서 나오는 충동적 욕망[15]을 말한다. 그리고 이러한 애의 조건이 되는 것은 수(受, vedanā)이다. 수는 감수작용(感受作用)으로 괴로움[苦], 즐거움[樂], 괴롭지도 즐겁지도 않음[不苦不樂]의 크게 세 종류가 있다. 수의 조건이 되는 것은 촉(觸, phassa)으로서 괴로움과 즐거움의 감수작용은 감각기관[根]과 그에 대응되는 대상[境]의 '접촉'에 의해 발생하기 때문에 결과로서의 수의 조건은 촉이다.

촉의 조건은 육처(六處, saḷāyatana)인데, 이는 대상과 감각기관과의 접촉이 일어나는 여섯 가지 영역[眼耳鼻舌身意]을 말한다. 그리고 육처의 조건은 명색(名色, nāma-rūpa)으로 색은 물질적 영역, 명은 정신적인(비물질적인 것) 영역에 있는 것으로 명색은 물질과 비물질적 복합체를 뜻한다.[16] 명색의 조건은 식(識, viññāṇa)으로 이는 앞서 불교의 죽음에 대한 정의에서 살펴보았

---

13 *Saṃyutta Nikāya II*, p.3
14 욕취(欲取: 욕망에 의해 생겨난 집착), 견취(見取: 사상적 견해를 주장하는 집착), 계금취(戒禁取: 계율이나 신조를 주장하는 집착), 아어취(我語取: 고정된 자아가 존재한다는 집착) 등으로 설명한다. 후지타 코타츠, 앞의 책, p.78.
15 애(愛)는 외부의 감각할 수 있는 모든 여섯 가지 대상인 색성향미촉법(色聲香味觸法)에 대한 욕망을 말하며, 죽지 않고 영원히 살고 싶은 욕망인 유애(有愛) 등을 포함한다.
16 명색(名色)을 오온으로 분류하면, 색은 색에 해당되며, 수·상·행·식은 명에 해당된다. 고익진, 『불교의 체계적 이해』, 새터, 1998, p.44.

듯이 의식(consciousness), 인지(cognition)이다.[17] 경전에서는 특히, 식과 함께 명색, 육처, 촉은 매우 밀접한 관계로 보고 있다. 즐거움과 괴로움 등의 감수작용이 일어나기 위해서는 감각기관[根]·대상[境]·인식작용[識]의 접촉[三事和合]이[18] 전제되어야 한다. 육처, 명색, 식은 매우 밀접한 관계이며 거의 동시적으로 함께 일어난다.

다음으로 식(識)의 조건은 행(行, saṅkhāra)이다. 행은 '잠재적 형성력', '충동력(impulse)' 등의 의미가 있고 집착하는 대상을 실재화하려는 에너지라 말할 수 있다.[19] 다시 행은 십이연기의 시작이자 마지막 단계인 무명에 근거해 작동한다. 무명(無明, avijjā)은 '밝지[明] 않음'으로, 쉽게 말해 어리석음, 무지를 뜻하지만 이는 '근원적인 무지'를 의미한다. 무명은 무상(無常), 무아(無我) 등에 무지함이며, 원초적인 근본 번뇌로 모든 집착과 번뇌의 근원이며 고통으로 가득한 삶을 전개 시켜 종국에는 태어남과 죽음을 발생시킨다.

십이연기는 무명에서 출발해, 충동력의 발동, 의식, 감각기관, 대상이 결합한 후 일어난 정서 작용, 이후 욕망에 기반한 쾌락 추구와 집착, 존재의 형성, 태어남 죽음 등과 같이 죽음이라는 결과가 연기(緣起, paṭicca-samuppāda, dependent-origination)적으로 발생한 과정을 밝히는 데 목적이 있다. 십이연기의 지향점은 단순히 반복되는 생사윤회를 보여주는 것이 아니라 죽음이

---

17 위에서 언급하였듯이, 식은 불교에서 정신적 영역에서 지칭되는 대표적인 용어이다. 식은 오온에서도 수상행의 정신작용에 관여하며, 또한 유식학에서는 전육식(前六識)을 들어 안식·이식·비식·설식·의식을 언급하며 식이 전 감각기관에 붙어 작용하는 것으로 보고 있다.

18 『阿毘達磨俱舍論』 T.29, p.844c, "觸六三和生 論曰 觸有六種 所謂眼觸乃至意觸 此復是何 三和所生 謂根境識三和合故有別觸生."

19 고익진, 『불교의 체계적 이해』, 새터, 1998, p.44.

일어나는 원인과 과정을 밝혀내 궁극적으로는 죽음을 넘어서는 방법을 탐색하는 것이다. 왜냐하면 불교의 궁극적 목표는 열반(涅槃)에 도달해서 태어남과 죽음을 발생시키는 순환적 고리를 완전히 끊어 버리는 데 있기 때문이다.

죽음이 있기 위해서는 태어남이 있어야 하며 또한 계속해서 원인을 거슬러 올라가 보면 결국은 '무명'이 죽음 발생의 근원이다. 무명은 어떤 '물체'나 '실체'가 아니라 태초의 어리석음으로 이는 '마음의 영역'에 있다. 바로 이 지점에서 죽음 극복의 실마리를 찾을 수 있다. 불교의 죽음 극복 문제에 대해서는 4장에서 자세히 다루겠다.

3. 임종과 내세의 문제[20]

죽음에 관한 풍부한 논의를 위해서는 죽음에 다다르기 직전의 상태인 임종, 죽음 직후의 경험, 삶 이후의 삶인 내세 또한 논의 범위에 포함되어야 할 것이다. 임종과 내세는 사실 엄격한 학문적 잣대에서는 논의하기 쉽지 않지만, 종교적 영역에서는 활발한 논의가 가능하다. 불교에서는 '임종을 맞이하는 순간'의 생각에 따라 내세가 결정된다고 보는데 『맛지마니까야(Majjhima Nikāya)』에서는 다음과 같이 말한다.

---

20 3장은 문현공, 「임종시(臨終時) 현상과 행위의 죽음학(Thanatology)적 의미-정토계 경전을 중심으로」, 『淨土學研究』 30, 한국정토학회, 2018을 참고했으며 표 등 일부 내용은 재인용했음을 밝힌다.

"어떤 자가 생명을 죽이지 않았고, 남의 것을 탐하지 않았고, 거짓말, 이간질, 욕, 꾸미는 말을 하지 않았고, 탐욕과 분노를 내지 않았다 하더라도 만약 몸이 파괴되고 죽은 뒤에 지옥에 태어난다면, 그 사람은 예전에 악한 행위를 했거나 혹은 '죽을 때'에 잘못된 견해를 갖게 된 결과일 것이다. 과거의 악행과 '임종시의 잘못된 견해'로 인해 그는 몸이 파괴되고 죽은 뒤에 괴로운 곳, 나쁜 곳, 타락한 곳, 지옥에 태어난다."[21]

경전에 따르면 생전의 악행이 내세를 결정짓기도 하지만 죽음을 맞이하는 순간의 생각 또한 내세를 결정한다고 말한다. 바른 견해는 사성제, 팔정도와 같은 붓다의 가르침을 숙지한 것을 말하는데, 만약 어떤 사람이 임종시 바른 견해를 일으켜 사망하면 당사자의 내세는 행복한 곳, 좋은 곳, 소위 말하는 천상이 될 것이다.[22] 그러나 생전에 악행을 지은 사람이 죽기 직전에만 바른 견해를 갖게 되면 그의 내세는 보장될까. 다른 말로, 악행을 지은 사람이 죽기 직전에 바른 견해를 가질 수 있을까. 죽음을 맞이할 때에는 지독한 육신의 고통을 동반하며 사후세계에 대한 불안, 자신의 삶에 대한 회고와 후회 등 정신적 불안정함 또한 뒤따를 수도 있다. 다시 말해, 임종시의 순간은 자신의 의지대로 생각을 통제하기가 매우 어려운 상황이다.

죽기 직전의 생각은 갑자기 어딘가에서 나타나는 것이 아니라, 생전에 반복적으로 하던 생각들이 계속해서 이어지는 연결선상에서 발휘되는 것이다. 이는 마치 평소에 부단한 훈련을 수행한 사람이 육체적 한계에 다다른

21 *Majjhima Nikāya III*, p.214.
22 이필원, 앞의 논문, p.170.

상황에서 힘을 끌어내는 것과 유사하다. 극한의 상황에서 나타나는 행위와 마음 상태는 그 기반을 필요로 한다. 사실상 임종시의 생각은 평상에 그가 계속해서 해 왔던 행위와 마음 상태의 결론인 것이다.

1) 정토불교의 임종사상

불교의 여러 사상들 중에서도 특히 정토불교에서는 임종과 내세 문제를 적극적으로 다루고 있으며 아미타경(阿彌陀經), 무량수경(無量壽經), 관무량수경(觀無量壽經)의 정토삼부경(淨土三部經)에 그 내용이 있다. 정토불교의 궁극적 목표는 깨달음을 통한 성불이지만 1차 목표는 임종 후의 극락왕생이다. 왕생을 위해서는 십념(十念), 생전의 선행, 계의 구족 등 여러 조건을 필요로 한다. 만약 조건들을 구족하면 명을 마친 뒤 여러 불보살이 '내영(來迎:임종자를 맞이하러 옴)'하고 왕생이 성취된다. 내영은 아미타불의 서원의 힘에서 발생하는데 마흔여덟 가지의 서원들 중에 열아홉 번째의 서원이 내영에 관한 것이다.

> "만약 제가 부처가 될 때 시방세계 중생들이 보리심을 내어 모든 공덕을 닦고 지극한 마음으로 저의 나라에 태어나고자 발원했으나, 임종시 내가 대중과 함께 그들 앞에 나타나지 못한다면 저는 정각을 얻지 않겠습니다."[23]

---

23 『無量壽經』, T.12, pp.268a-268b, "設我得佛 十方世界無量諸佛 不悉諮嗟至心 發願欲生我國 臨壽終時 假令不與 大衆圍遶現其人前者 不取正覺."

아울러 『무량수경(無量壽經)』에서는 아미타불의 명호를 듣고 신심을 내거나, 단 한 생각이라도 지극한 마음으로 극락에 태어나기를 발원하면 왕생해 불퇴전에 머물게 될 것이라 말하기도 한다.[24] 그리고 왕생의 종류를 상배(上輩), 중배(中輩), 하배(下輩)의 삼배(三輩)로 분류해 명종시(命終時)에 무량수불이 여러 대중과 함께 내영할 것이라 약속한다.[25]

『관무량수경(觀無量壽經)』에서는 삼배에 각각 세 가지 품을 더해 삼배구품(三輩九品)으로 나누어 더 자세히 내영에 관해 설명한다. 상품(上品)과 중품(中品)의 상생(上生), 중생(中生), 하생(下生)이 가능하기 위해서는 염불 수행과 계의 구족, 선행을 필요요건이며 하품(下品)의 경우는 수행과 계의 구족이 부재한 악업자의 왕생을 설하며 선지식과의 인연을 필요조건으로 전제한다. 삼배구품의 내영에서 왕생의 요건 및 내영의 묘사를 정리해 보면 다음과 같다.[26]

24 『無量壽經』, T.12, p.272b.
25 『無量壽經』, T.12, pp.272b-272c.
26 삼배구품의 내영에 관한 내용은 『觀無量壽經』, T.12, p.344C의 '凡生西方有九品人 …' 부터 p.346a '… 是名下輩生想'까지를 정리했으며 번역은 韓普光 國譯, 『정토삼부경』(여래장 2001)을 참조했다.

명칭		각 품의 정의 및 왕생(往生)의 요건	내영(來迎)의 묘사
상품	상생	모든 계행을 구족, 방등 경전의 독송, 육염(六念; 念佛, 念法, 念僧, 念戒, 念施, 念天)을 실천한 경우.	아미타불이 관세음보살, 대세지보살 등 무수한 화신불, 비구, 성문대중, 천인들과 칠보궁전에 나타남. 아미타불이 대광명을 발해 임종자의 몸을 비추고 제보살과 함께 손을 내밀어 영접함.
	중생	방등 경전의 독송을 하지 않았더라도 대승의 뜻을 잘 알고 대승법을 비방하지 않고 인과를 믿은 경우.	아미타불이 관세음보살, 대세지보살 등 무량한 대중과 권속들에게 둘러싸여 자마금색(紫磨金色)의 연화대를 가지고 임종자 앞에 나타남. 일천의 화신불과 함께 손을 내밀어 영접함.
	하생	인과를 믿고, 대승법을 비방하지 않고 위없는 도를 구하는 마음을 낸 경우.	아미타불이 관세음보살, 대세지보살 등 권속들과 함께 금련화(金蓮華)를 들고 5백의 화신불을 나투어 손을 내밀며 맞이함.
중품	상생	오계 및 팔재계를 지키고 오역죄를 범하지 않은 경우.	아미타불이 여러 비구, 권속들에게 둘러싸여 금색광명을 내며 임종자에게 나타나 고, 공, 무상, 무아를 설하고 모든 괴로움을 여윈 것을 찬탄함.
	중생	하루 밤이나 낮 동안이라도 팔재계나 구족계를 지킨 경우.	명종시에 아미타불이 권속들과 함께 금색광명을 놓으면서 칠보로 된 연꽃을 가지고 임종자 앞에 나타나 내영함.
	하생	부모에게 효도하거나 여러 사람들에게 자비행을 실천한 경우. 요건: 임종시에 '선지식'을 만나 극락의 안락함과 법장비구의 48대원에 대한 설법을 들음.	칠일이 지난 뒤 관세음보살과 대세지보살을 만나서 법문을 듣고 환희함.
하품	상생	방등 경전을 비방하지 않았으나, 악업을 지은 경우. 요건: 임종시 '선지식'을 만나 대승 12부 경전의 제목을 찬탄함을 들음. 나무아미타불을 부르도록 가르침.	화신불과 화신 관세음보살, 화신 대세지보살이 임종자 앞에 나타남. 화신불의 광명이 방안에 가득함을 보고 기뻐함.
	중생	오계, 팔계, 구족계를 범한 경우. 요건: 임종시 '선지식'을 만나 아미타불의 열 가지 위신력, 광명의 신통력, 계정혜, 해탈, 해탈지견을 찬탄함을 들음.	지옥의 맹렬한 불길이 맑은 바람으로 바뀌고 천화(天花)가 날리며 꽃 위에서 화신불과 보살이 맞이함.
	하생	오역죄, 십악행을 지은 경우. 요건: 임종시 '선지식'을 만나 미묘한 법을 듣고 염불하도록 가르침을 받으며 무량수불을 칭하도록 함. 임종자는 지극한 마음으로 나무아미타불 십념을 행해야 함.	명종시에 태양 같은 금련화가 임종자 앞에 머무름.

표를 보면 상품에서 하품으로 내려갈수록 내영하는 불보살의 규모와 내용이 적어지는 것을 알 수 있다. 특히 하품하생에는 선지식의 가르침을 듣고 염불을 행해야 하는 조건이 있지만 오역죄[27]를 범한 자까지 왕생과 내영의 영역에 포함시킨 것은 하나의 중생도 낙오시키지 않겠다는 아미타불의 무한한 포용성을 상징한다.

주목할 부분은 하품상생에서 임종자가 나무아미타불을 칭한 후 화신불의 내영을 받으며 "화신불의 '광명'이 방안에 가득함을 보고 나서 기뻐하며 바로 목숨을 마친다."[28]라는 부분이다. '광명(光明)'은 아미타불의 마흔여덟 가지 서원 중 세 번째인, "그 나라 중생의 온몸에서 '찬란한 금색광명'이 빛나지 않는다면"[29]과 열두 번째인, "저의 '광명'이 한량 있어 백천억 나유타의 모든 불국토를 비출 수 없다면"[30]의 부분에도 나타난다. 또한 표의 내영에 관한 묘사에서도, '대광명', '금색 광명'이 자주 등장한다. 그렇다면 임종과 광명이 함께 언급된 이유는 무엇일까. 광명은 그저 정토불교만의 용어이며 종교적 상징일 뿐일까.

2) 현대 죽음학의 근사체험과 정토불교와의 교점

정토불교의 임종시 불보살의 내영과 광명의 출현 같은 내용은 신앙을 전

---

27 오역죄(五逆罪): 지옥에 태어나게 하는 다섯 가지의 무거운 죄: (1) 아버지를 죽임, (2) 어머니를 죽임, (3) 아라한을 죽임, (4) 승가의 화합을 깨뜨림, (5) 부처의 몸에 피를 나게 함
28 『觀無量壽經』, T.12, p.345c. "行者即見化佛光明遍 滿其室, 見已歡喜即便命終."
29 『無量壽經』, T.12, p.267c, "國中人天 不悉眞金色者."
30 『無量壽經』, T.12, p.268a, "光明有能限量 下至不照百 千億那由他諸佛國者."

제한 종교적인 영역에만 한정된 것처럼 보인다. 그러나 임종시의 광명은 현대 죽음학에서 다루는 중요한 주제인 '근사체험(near-death experience)'과 관련지어 보면 종교의 영역을 넘어 논의해 볼 수 있는 주제로 전환될 수 있다. 근사체험은 입관(入棺) 체험처럼 죽음을 임시로 체험한다는 의미가 전혀 아니며 실제로 심정지(cardiac arrest)가 일어나 사망 판정을 받은 뒤 다시 깨어난 경험을 말한다. 근사체험 연구의 선구자인 레이몬드 무디(Raymond Moody)는 우연한 근사체험자와의 만남을 계기로 체험 사례를 수집해 분석했는데 다음과 같은 공통점을 발견했다.[31]

① 말로 표현하기 어려움

② 자신의 죽음을 선고(宣告)하는 소리를 들음

③ 마음의 안온(安穩)과 정적

④ 울려퍼지는 소리를 들음

⑤ 어두운 터널을 빠져나가는 느낌

⑥ 물리적(物理的) 육체를 떠남

⑦ 타자(他者)와의 만남

⑧ '빛의 존재'와의 만남

⑨ 살아온 생에 대한 성찰

⑩ 경계 또는 한계를 자각

⑪ 소생(蘇生)을 경험

31 Raymond A. Moody, 서민수 옮김, 『삶 이후의 삶』, 시공사 1995, pp.31-33.

위의 사례 중 주목할 부분은 8번으로, 심정지 후 죽음에 이르면 일련의 과정을 거친 후 '빛의 존재'를 경험한다는 점이다. 무디는 그의 저서에서 "근사체험자들은 경험한 적 없는 사랑과 온정으로 가득한 '빛의 존재'가 나타나고 삶에서 중요했던 사건들을 일순간에 재생해 보여주었다고 말한다."[32]라고 언급한다. 무디의 저서는 출간된 후 많은 관심을 받았지만 체험 사례의 샘플링이 체계적이지 않은 점, 과학적 조사에 기초한 연구가 아닌 점 등으로 많은 비판 또한 받았다. 그러나 그의 연구는 '국제근사학회'(International Association for Near Death Study) 설립과 의학계에서 근사체험을 본격적으로 연구하는 등의 계기를 촉발시켰다.

2000년대 이후 의학 저널의 근사체험에 관한 연구는 꾸준히 증가하고 있다. 근사체험이 의학계에서 다루어진다는 말은 그것이 곧 '과학의 영역'에 들어와 있음을 의미한다. 대표적인 것으로는 판 롬멜(Van Lommel)의 연구가 있다. 의학저널 『란셋(LANCET)』에서 롬멜은 심정지 후 소생된 환자 344명을 대상으로 근사체험 사례를 조사해 공통되는 경험을 분류했는데,[33] '터널을 통과하는 경험', '죽은 자와의 만남', '체외 이탈 경험', '삶의 회고', '빛의 경험' 등 많은 부분이 무디의 연구와 유사했다.

특히 '빛의 경험'은 무디의 사례와 일치하며 사후 빛의 경험은 수많은 연구에서 다루는 주제이다. 예를 들면, 뇌손상 환자 86명을 대상으로 근사체험 사례를 정리한 연구가 있다. 연구에서는 일부 환자들이 형태를 정확히

---

32 Raymond A. Moody, 앞의 책, p.33.
33 Pin van Lommel et al, "Near-death experience in survivors of cardiac arrest: a prospective study in the Netherlands", *The Lancet* 358, 2001, p.2041, 〈표2〉 frequency of ten elements of near-death experience〉.

감지할 수는 없었지만 '빛으로 이루어진 형상'을 목격했고 그 형태가 계속해서 변화했다는 증언을 제시했다. 또한 어떤 환자들은 '빛을 발하는 물체'가 그들에게 어떤 메시지를 전달하려 했으며 자신들의 신체에 '빛'을 쏘았다고 보고했다.[34]

빛은 앞서 『관무량수경』의 내영에 관한 묘사에서 보았듯이 불보살의 출현과 함께 동반한다. 또한 광명은 아미타불의 서원들 중 '중생의 온몸에서 찬란한 금색광명이 빛나지 않는다면', '저의 광명이 한량 있어 백천억 나유타의 모든 불국토를 비출 수 없다면' 등으로 표현되며 중시된다. 이에 의학적으로 사망 판정을 받은 이후 일부의 사람들이 '빛과 연관된 경험'을 보고했다는 점은 새로운 논의의 주제를 던져준다. 근사체험의 빛에 관한 연구가 의학 관련 저널에 게재되고 있다는 점과 정토계 경전에서 말하는 사후 광명의 출현을 연결해 보면 사망 시 빛의 출현이 신앙적인 영역에만 한정되지 않을 수도 있는 가능성을 보여준다.

4. 불교의 죽음 극복 문제와 '살아 있는 죽음'

1) 죽음 극복에 대한 불교적 관점

사실 윤회설은 불교 고유의 것이 아니며 인도의 많은 종교에서도 이 설을

---

34 Yongmei et al, "Infrequent near death experiences in severe brain injury survivors -A quantitative and qualitative study", *Annals of Indian Academy of Neurology* 16, Ann Indian Acad Neurol 2013, p.78.

신봉한다.[35] 불교는 인도 전통의 윤회설을 받아들였고, 불교에서도 죽음은 1회로 끝나는 사건이 아니며 태어남과 함께 끝없이 반복되는 순환적인 고통이다. 이에 중요한 것은 계속해서 반복되는 육신의 죽음이 아니라 고통의 정점에 있는 죽음을 '해결'하는 것이다.

불교에서는 생멸을 반복시키는 주체가 '마음'에 있다고 보며 결국 죽음은 마음 영역의 문제로 귀결된다. 특히 마음의 영역안에 있는, '무명'이 끝없는 생사의 반복을 생성해 낸다. 바로 이 무명의 타파를 통한 생의 차단, 그리고 생(태어남)의 차단을 통해 죽음은 발생하지 않게 된다. 무명을 파괴해 생사(태어남과 죽음)를 제거하는 것, 이것이 불교에서 말하는 진정한 죽음 극복의 의미이며 열반인 것이다. 붓다는 생로병사를 해결하기 위해 출가했고 깨달음을 얻어 태어남, 늙음, 병듦, 죽음을 해결했다. 그는 어떻게 죽음을 넘어섰는가. 붓다는 육체적 영생을 통해 불사(不死)에 도달 했을까. "모든 것은 영원하지 않으니, 이것이 생멸(태어남과 죽음)의 법칙이다. 생과 멸이 모두 멸한 것을 적멸(열반)의 즐거움이라 한다."[36]라는 『대반열반경』의 게송은 불교의 죽음 극복의 문제에 대한 지향점을 보여준다. 이 게송의 의미는 바로, 삶과 죽음이 모두 없어져야[生滅滅已] 죽음을 넘어 고요한 열반에 다다를 수 있다는 것[寂滅爲樂][37]이다.

앞서 우리는 죽음이 발생하는 과정을 십이연기를 통해 보았는데 열두 가

35 임승택, 「죽음의 문제에 대한 고찰」, 『佛敎學報』 43, 동국대학교 불교문화연구원 2005, p.8
36 "諸行無常 是生滅法 生滅滅已 寂滅爲樂." 『大般涅槃經』, T.7, p.204c.
37 김용표, 「불교에서 본 죽음과 종교교육」, 『宗敎敎育學硏究』 19, 한국종교교육학회 2004, p.72.

지의 연기적 요소 각각은 인과의 고리로 얽혀 있다. 죽음이 존재하기 위한 전제 조건은 생(태어남)이며 태어남의 전제 조건은 태어날 존재(bhāva)가 있어야 한다. 계속해서 태초의 원인을 거슬러 올라가면 그것은 원초적 어리석음, 바로 무명이 근본 원인이다.(무명→ 행→ 식→ 명색→ 육입→ 촉→ 수→ 애→ 취→ 유→ 생→ 사) 빨리어로 무명은 'avijjā'이다. 이는 부정 접두어 'a'(無)와 'vijjā'(明)의 합성어로 '밝지 않음'을 의미한다. 또한 'vijjā'는 어근 'vid'(알다, 이해하다)에서 파생된 말로 avijjā는 알지 못함, 다시 말해 '무지'를 의미하기도 한다.

따라서 무명(어리석음)의 '명'(明)으로의 전환을 통해 무명이라는 원인이 제거되면 차례차례로 모든 인과의 연결고리가 소멸하기 시작한다. 우리의 인식작용, 감각기관과 대상, 욕망의 작동은 멈추고, 태어나지 않으며 태어남이 없어지면 죽음은 발생하지 않는 것이다. 따라서 죽음의 해결은 결국 무명의 타파를 통해 가능하다. 무명은 어떤 사물이나 실체가 아닌, '심체(心體)'이며 무명의 타파는 붓다의 가르침(사성제, 팔정도)의 실천을 통해서 가능하다. 결국 불교의 죽음 극복의 문제는 죽지 않음[不死]이 아니라 태어남의 없음(不生)을 통해 실현될 수 있다. 그러므로 불교의 죽음 극복의 문제는 '사'의 해결이 아니라 무명의 명으로의 전환을 통한 생의 해결의 문제인 것이다.

2) '살아 있는 죽음', 방일(放逸)과 죽음에 대한 마음챙김

죽음은 반드시 생명의 끝이라는 시각에서만 존재할까. 다른 측면에서 죽음을 볼 수는 없을까. 불교에는 숨은 쉬고, 심장이 뛰며, 생명은 지속되지만 '정신은 죽어 있는' 것과 마찬가지인 상태를 지칭하는 용어가 있다. 그것은 바로 방일(放逸, pamatta)이다. 방일을 통해 '살아 있는 죽음'이라는 다른 측면의 죽음에 대해 생각해 볼 수 있다. 『법구경』에서는 다음과 같이 말한다.

"방일은 죽음의 길이고, 불방일은 불사(不死)의 길이니, 불방일하는 자는 죽지 않으며, 방일하는 자는 죽은 자와 같다."[38]

방일(放逸)은 말 그대로 마음을 놓아 버리고 게으르게 지내는 것을 말하며 이의 사전적 의미는 'slothful', 'negligent', 'indolent'[39] 등으로 '나태한', '태만한', '게으른'의 뜻이다. 뿐만 아니라 방일은 어떤 자극 속에 빠져 정신이 마비된 상태, 혹은 만취한 상태[40]를 지칭하기도 한다. 반대말은 빨리어로 '압빠맛따(appamatta)'로 표기되는데 appamatta는 부정접두어 'a'와 'pamatta'가 합쳐진 것으로 불방일(不放逸, appamatta)이다. 『법구경』에서는 살아 있다 하더라도 그 삶이 방일하다면 죽은 것과 같고, 불방일하다면 불사의 상태와 같다고 말하는 것이다.

방일은 쉽게 '게으름'으로 표현된다. 게으름이 언뜻 보면 그리 어렵지 않은 말처럼 보이지만 여러 의미가 함축되어 있는 말이다. 경에서는 게으름을 여러 가지로 표현하는데 먼저, 『디가니까야(Dīgha Nikāya)』에서 방일은 '위축된(saṅkhitta: contracted) 마음', '혼침(昏沈, thīna) 등으로 표현된다. '위축된'

---

38 Dhammapada, p.31. "Appamādo amatapadaṁ, pamādo maccuno padam. Appamattā na mīyanti, ye pamattā yathā matā.

39 Edited by T. W. Rhys Davids and William, *THE PALI TEXT SOCIETY'S PALI-ENGLISH DICTIONARY*, Pali Text Society, 1972, p.416.

40 안양규, 「붓다의 죽음」, 『불교평론』 7, 만해사상실천선양회, 2007, p.34.

은 말 그대로 마음이 살아 움직이며 활동하는 것이 아니라 '오그라들어 말라 버린 상태(萎縮)'이며 '혼침(昏沈)'은 마음이 잠들어 어두워진 상태를 의미한다. 다시 말해, 마음이 깨어 있지 않고, 주체성, 자율성, 활동성 없는, 수동적인, 막연한, 어떤 마비에 빠진 상태가 바로 방일이다.

몸은 살아 있고, 자율적으로 심장과 폐, 장기는 작동하나, 신체의 주체인 의식, 마음은 깨어 있음 없이 흘러가고 있는, 정신이 살아 있지 않고, 생생함을 상실한 상태가 방일이라면 불방일은 정신이 살아 있는, 활동하는 상태, 혹은 '깨어 있는 상태'를 의미한다. 마음이 막연한 시간의 흐름에 얹혀 흘러가는 것이 아니라 능동적으로 활동하는 삶을 뜻하는 말이 불방일이다. 불교에서는 불방일, 다른 말로, '깨어 있는' 삶을 강조한다. 깨어 있음은 불교적 용어로 'sati'로도 표현된다. 싸띠(sati)는 영어로 mindfulness, awareness, attention 등으로, 우리말로는 '마음챙김', '알아차림' 등으로 번역되며 '순간순간에 주의를 기울이는 것'을 의미한다. 특히 싸띠는 불교의 대표적 명상법인 '마음챙김'을 지칭하기도 한다.

싸띠는 '기억하다'라는 의미인 어근 √smṛ에서 파생되었기 때문에 기본 의미는 '기억'이다. 보통 기억이라 하면 과거에 대한 추억 같은 기억으로 이해하기 쉽지만, 싸띠가 의미하는 기억은 '현재를 기억하고 있는 상태'이다. 다시 말해, '흘러가는 지금의 순간을 놓치지 않는 상태', '바로 지금의 순간에 집중하는 상태'를 뜻한다. 이러한 싸띠의 의미는 마음챙김 명상법 안에서 작동한다. 마음챙김(sati) 명상의 기본 태도는 '지금, 여기'를 알아차리고 지금 내가 생각하고 감각하고 있는 것들을 온전히 느끼는 것, 깨어 있는 것, 지금의 순간에 내가 나의 순간들의 주인이 되어 주체적으로 활동하는 것이다.

싸띠를 '알아차림' 혹은 '주의'로 번역해야 한다는 여러 논의들이 있었지만

'마음챙김'이란 용어가 정착되었다. 우리는 외출할 때 신용카드나 현금이 든 지갑, 그리고 스마트폰을 꼭 챙긴다. 지갑이 없으면 차를 탈 수 없고 어떤 물건도 살 수 없다. 또한 스마트폰이 없으면 불안하고 견딜 수가 없기에 이들을 우리는 반드시 챙긴다. 그러나 우리는 집을 나서면서, '오늘 하루는 행복하자', '우울해하지 말자', '좀 더 노력해 보자'며 하루하루 우리의 마음을 잘 '챙기고' 있는가. 이에 싸띠 명상의 번역어인 마음챙김은 말 그대로 지갑과 스마트폰을 꼭 챙기듯이 '순간순간 마음을 잘 챙기는' 것이다. 이런 의미에서 보면 '마음챙김'은 적절한 번역으로도 볼 수 있다.

『앙굿따라니까야』에서는 사념처(四念處, 몸, 느낌, 마음, 법: 붓다의 교법)의 마음챙김과 더불어 열가지 마음챙김(sati, mindfulness)[41]을 제시한다. 특히, 막연히 의미 없는 순간들을 반복만 하는 방일한 삶에서, 깨어 있는 마음으로 변화하는 방법으로 '죽음에 대한 마음챙김'(maraṇasati, mindfulness of death)을 강조한다. 마음챙김은 '바로, 지금, 여기'의 마음에 집중하며, '지금'을 놓치지 않는 것이다. 이러한 마음챙김의 의미에 따르면 죽음에 대한 마음챙김은 바로 지금의 '이 순간, 나의 죽음'에 대한 마음을 놓치지 않는 것을 뜻한다.

프랑스 철학자 블라디미르 장켈레비치(Vladimir Jankélévitch)는 죽음을 1인칭, 2인칭, 3인칭의 세 가지로 나누었다. 1인칭적 죽음은 나의 죽음이고, 2인칭적 죽음 우리가 '너, 그대, 당신'으로 부를 수 있는 사랑하는 이의 죽음

41 "붓다(Buddha)에 대한 마음챙김이다. … 비구들이여, 하나의 법이 있어 … 무엇이 그 하나의 법인가? 법(法, dhamma)에 대한 마음챙김이다. … 승(僧, Saṇgha)에 대한 마음챙김이다. … 계(戒, Sīla)에 대한 마음챙김이다. … 보시(布施)에 대한 마음챙김이다. … 천신(天神, deva)에 대한 마음챙김이다. … 들숨날숨(ānāpāna)에 대한 마음챙김이다. … 죽음(死, maraṇa)에 대한 마음챙김이다. … 몸(kāya)에 대한 마음챙김이다. … 적정(寂靜, upasama)에 대한 마음챙김이다." *Aṅguttara Nikāya* Ⅰ. p.30.

이며, 3인칭적 죽음은 나와는 관련없는, 매일매일 뉴스에 보이는 누군가의 죽음, 남의 죽음이다. 죽음에 대한 마음챙김의 대상은 1인칭적 죽음, 바로 '나의 죽음'인 것이다.

『앙굿따라니까야』의 『죽음에 대한 마음챙김 경(Maraṇasati-suttaṃ)』에는 죽음에 대한 마음챙김의 방법이 제시되어 있다. 붓다는 어느 날 제자들에게 죽음에 대한 마음챙김을 잘 닦고 있는지 질문했고 다음과 같이 여러 제자들이 자신의 수행법을 말한다.

"스승이시여. 저는 제가 '하루 밤과 낮 동안밖에 살지 못하더라도 세존의 가르침을 마음에 새긴다면 나는 충분히 수행한 것이다', 이렇게 닦고 있습니다."

"스승이시여. 저는 제가 '하루 낮 동안밖에 살지 못하더라도 세존의 가르침을 마음에 새긴다면 나는 충분히 수행한 것이다', 이렇게 닦고 있습니다."

"스승이시여. 저는 제가 '한 끼 음식을 먹는 동안밖에 살지 못하더라도 세존의 가르침을 마음에 새긴다면 나는 충분히 수행한 것이다', 이렇게 닦고 있습니다."

"스승이시여. 저는 제가 '네다섯 입의 음식을 씹어 삼키는 동안밖에 살지 못하더라도 세존의 가르침을 마음에 새긴다면 나는 충분히 수행한 것이다', 이렇게 닦고 있습니다."

"스승이시여. 저는 제가 '한 입의 음식을 씹어 삼키는 동안밖에 살지 못하더라도 세존의 가르침을 마음에 새긴다면 나는 충분히 수행한 것이다', 이렇게 닦고 있습니다."

"스승이시여. 저는 제가 '숨을 들이쉬고 내쉬는 동안밖에 살지 못하더라도 세존의 가르침을 마음에 새긴다면 나는 충분히 수행한 것이다', 이렇게 닦고 있습니다."[42]

위 인용문의 '밖에 살지 못하더라도'는 '-후에 죽더라도'와 같은 의미이며 각 문장들은 '-후에 죽더라도, -한다면 -할 것이다'는 구조이다. 위 문장들은 일종의 조건문으로 '내가 -후에 죽더라도, 나는 괜찮다'란 뜻이다. 여섯 가지의 죽음에 대한 마음챙김에서 중요한 것은 '하루 밤낮 동안', '한 끼 음식을 먹는 동안', '한 입의 음식을 씹어 삼키는 동안', '숨을 들이쉬고 내쉬는 동안'과 같이 죽음을 '시간'과 연관시켰다는 점이다. 인간은 모두 죽는다는 사실은 누구나 다 알고 있지만 평소에 죽음은 우리와 멀리 있다. 그러나 만약 큰 병에 걸려 의사에게 '몇 개월' 밖에 안 남았다는 시한부 판정을 받게 되면 우리의 죽음은 가까워진다. 이처럼 죽음에 대한 마음챙김은 지금, 이 순간에 나의 죽음을 시간과 연결지어 마음챙김하는 명상법이다. 죽음에 대한 마음챙김은 우리의 남은 삶의 '한정성'을 자각시켜 순간순간 깨어 있는 마음으로 변화시키는 기능을 수행하는 것이다.

붓다고사(Buddhaghoṣa)가 저술한 『청정도론(Visuddhimagga)』에서도 죽음

---

42 *Aṅguttara Nikāya III*, pp.304-306.

에 대한 마음챙김을 자세히 설명한다.[43]

"생명 기능이 끊어진 것, 이러한 죽음에 집중하는 것이 죽음에 대한 마음챙김이다. 죽음에 대한 마음챙김을 닦고자 하는 사람은 조용한 곳에 혼자 머물면서, '죽음이 올 것이고, 생명 기능이 끊어질 것이다' 혹은 '죽음, 죽음' 하면서 주의를 기울여야 한다."

"사랑하는 사람의 죽음을 생각할 때는 슬픔이 일어나며, 증오하는 사람을 생각할 때 기쁨이 일어나고, 무관심한 사람의 죽음을 생각할 때는 절박함이 일어나지 않는다"라 언급하며 대상에 따라 죽음에 대한 반응이 다름을 말함. 이러한 경우들에는 절박함, 마음챙김, 올바른 지혜가 없다고 말하면서 "마음챙김과 절박함을 가지고 '죽음이 나에게 다가올 것이다'라는 마음으로 죽음에 대한 마음챙김을 닦아야 한다."

"죽음에 대한 마음챙김이 잘 수행되지 않을 경우에는, 살인자가 내 앞에 나타난 듯이, 시간은 한정된 것이며, 시간은 매우 짧은 순간 등을 떠올리며 절박함을 일으켜야 한다."

위와 같이 『청정도론』에서는 자신의 죽음에 '주의를 기울이면서', '절실한' 마음으로 죽음을 가까이해야 한다고 말하고 있다. 『앙굿따라니까야』와 『청정도론』의 내용을 정리하면 죽음을 마음챙김하는 방법은 '시간'과 연결 짓

---

43 *Visuddhimagga*, pp.222-231.

는 것, 죽음은 반드시 나에게 올 것이라는 '절박함'을 갖는 것, 이 두 가지를 갖추어야 하는 것이다.

『청정도론』에서는 "죽음에 대한 마음챙김을 수행하는 자는 항상 불방일 (appamatto)하게 된다."[44]고 말한다. 죽음을 마음챙김하며 죽음을 삶 속에서 사유하는 것은 고착화, 습관화, 수동화된 삶에 불방일의 마음을 일깨울 수 있다. 죽음을 가까이 하는 것은 우리 삶의 남은 시간이 한정되어 있음을 일깨우고 우리가 막연히 보내는 순간순간의 시간들의 선명함을 드러낼 수 있다.

『죽음에 대한 마음챙김 경』의 서두에서는 "죽음에 대한 마음챙김을 닦으면 큰 결실과 큰 공덕이 있고 불사(不死)에 이르게 되며 불사를 완성한다. 그대들은 죽음에 대한 마음챙김을 닦고 있는가?"란 붓다의 질문이 있다. 이 질문에서 볼 때 죽음에 대한 마음챙김이 함의히는 것은 역설적으로 죽음을 넘어서기 위해서는 죽음을 가까이 해야 한다는 것이다. 그렇다면 위의 '불사(不死)'의 진정한 의미는 무엇일까. 이는 앞서 본 『법구경』의 '방일은 죽음의 길이요, 불방일은 불사의 길'이라는 언급과 맥락을 같이한다. 진정한 불사의 길은 수동적으로 영원히 흘러가는 삶이 아닌, 자율적으로 순간순간 깨어 있는 삶인 것이다.[45] 따라서 불교에서 제시하는 진정한 죽음의 의미는 생명 활동의 중지나 삶의 종료를 의미하는 죽음이라는 '사건 자체'가 아니라 말할 수 있다. 불교의 죽음관은 죽음을 가까이 두면서 삶의 유한성을 자각하고 무명에 가려진 삶, 막연히 반복되는 방일한 삶을 타파하고 순간순간 생생하게 깨어 있는 삶을 추구하는 것이다.

---

44 *Visuddhimagga*, p.231.
45 문현공, 「청정도론을 통해 본 죽음 현저성이 심리에 미치는 영향」, 『佛教學報』 81, 불교문화연구원 2017, pp.19-20.

죽음과 에로스[*]

—1980년대 한국 영화에서의 죽음과 에로스, 그리고 노동과 유희

이윤종
_ 동국대학교 영화영상제작학과 강사

[*] 이 글은 이윤종의 박사학위 논문 "Cinema of Retreat: Examining South Korean Erotic Films of the 1980s"(University of Callifornia, Irvine, 2012)의 3장을 부분적으로 재구성하고 수정·보완해서 『상허학보』 47호(2016)에 "1980년대 한국영화에서의 죽음과 에로스의 단면 -〈변강쇠〉에서의 노동과 유희의 불가능한 병치"라는 제목으로 게재되었던 바 있다.

1. 들어가며: 영화에서의 죽음과 에로스

2000년대 후반 이후의 한국영화는 불황과 고용불안으로 인한 침체된 사회 분위기 때문인지 할리우드식 해피엔딩을 지향하는 경향이 짙다. 그러나 1990년대 중반까지만 해도 한국영화의 종결은 죽음과 떼려야 뗄 수 없는 경우가 대다수였다. 시대별로 한국영화에서의 죽음의 경향만 연구해도 두꺼운 단행본 한 권 분량은 충분히 나올 것으로 보일 정도이다. 본고는 그중에서도 1980년대에 주목하려 하는데, 당대 영화의 결말로서의 죽음은 에로티시즘과 밀접한 연관을 갖고 있다는 특이성이 있기 때문이다. 1980년대 한국영화의 주류 장르이자 트렌드가 에로티시즘에 중점을 둔 극장용 성인영화, 즉 에로영화였는데, 이러한 80년대 영화의 주요 인물들, 즉 과도한 성욕을 보이거나 성적으로 비윤리적인 행위를 저지른 이들은 어김없이 영화 종반에 죽음을 맞는다.[1] 이러한 성적 방종과 과잉 성욕에 대한 응징으로서의 죽

---

1 거의 대부분의 1980년대 한국 에로영화는 죽음이 아니더라도 주인공이 신체나 정신에 치유 불가능한 상해를 입으면서 끝나는 경우가 허다하다. 죽음으로 종결되는 에로영화의 몇 가지 예를 들자면 임권택 감독의 〈씨받이〉(1986), 정진우 감독의 〈자녀목〉(1984), 김호선 감독의 〈열애〉(1982) 및 〈서울 무지개〉(1989), 이두용 감독의 〈여인 잔혹사 물레

음은 한국영화 뿐 아니라 외국영화에서도 빈번한 설정이다. 사실 죽음과 에로티시즘의 연관성은 프로이트(Sigmund Freud)가 인간 삶의 두 가지 에너지로서 상정한 "에로스(Eros)"와 "죽음충동(death drive)"의 이원론과도 궤를 같이한다.[2] 그러나 본론에서 좀 더 상술하겠지만, 프로이트가 에로스와 죽음충동의 변증법적 관계에 초점을 맞춘 것과 달리, 삶의 영역을 지배하는 성적 에너지인 에로스가 강조되는 영화들에서는 에로티시즘이 죽음에 투항하는 경우가 허다하다. 세계영화 전반, 특히 성애가 부각되는 영화들 속에서 에로티시즘과 죽음은 떼려야 뗄 수 없는 관계를 형성해 온 셈이다.[3]

야 물레야〉(1983), 〈내시〉(1986) 및 〈업〉(1988), 이장호 감독의 〈어우동〉(1985), 배창호 감독의 〈적도의 꽃〉(1983)과 〈깊고 푸른 밤〉(1985), 송경식 감독의 〈사방지〉(1988) 등을 들 수 있다. 흥미로운 점은 위에 예로 든 영화의 대다수가 에로사극이라는 것이다. 에로사극의 장르적 정의와 죽음의 문제는 본 연구자의 박사학위 논문("Cinema of Retreat: Examining South Korean Erotic Films of the 1980s"(University of Calilfornia, Irvine, 2012))의 2장의 2절을 참조할 것.

2 다음을 참조할 것. Sigmund Freud, *Beyond the Pleasure Principle* (New York : W. W. Norton, 1961, 1990). Sigmund Freud, *Civilization and Its Discontents* (New York : W. W. Norton, 1961, 1989). 프로이트의 전집을 영어로 출판한 노튼 사는 Standard Edition 판에서 '충동'을 뜻하는 독일어 trieb를 instinct(본능)으로 번역하고 있다. 따라서 1990년대까지 영미권의 대다수 프로이트 관련 서적은 죽음충동을 death instinct로 표기하고 있다. 그러나 2000년대 이후로는 sexual drive가 통용되는 추세이다. 다음을 역시 참조할 것. Teresa de Lauretis, *Freud's Drive : Psychoanalysis, Literature and Film* (New York : Palgrave Macmillan, 2008).

3 무수히 많은 영화들이 있지만, 대표적인 예로 오시마 나기사(大島渚)의 영화를 들 수 있다. 그의 초기작인 〈청춘 잔혹 이야기〉(青春殘酷物語, 1960)나 중기작인 〈감각의 제국〉(愛のコリ夂, 1976)과 같은 작품에서는 현실 생활의 모든 것을 뒤로 하고 두문불출한 채 내실에서의 성애에만 치중하는 남녀가 맞닥뜨릴 수밖에 없는 당연한 귀결로서 죽음이 그려진다. 물론 〈감각의 제국〉에서의 죽음은 단순한 징벌이나 비극이라기에는 훨씬 더 복잡한 영역에 속해 있지만, 영화에서의 에로티시즘과 죽음의 교차를 가장 극명하게 제시하는 작품임에는 분명하다. 베르톨루치(Bernardo Bertolucci)의 〈파리에서의 마지막 탱고〉(*Last Tango in Paris*, 1972)와 비교적 최근작인 이안(Ang Lee)의 〈색,

그러나 본고는 세계영화에서의 보편적 현상으로서의 에로스와 죽음의 관계보다는 한국영화, 그중에서도 1980년대 에로영화 속에서 두 요소가 맺는 관계의 특수성을 고찰해 보고자 한다. 1980년대 한국영화의 성적 주체들은 단순한 성적 방종보다는 생활인이나 직업인으로서의 자신의 본분을 다하지 않고 성적 유희와 쾌락을 추구하다가 죽음이라는 징벌을 맞이하는 경우가 많은데, 이는 당시 한국영화의 주조가 에로티시즘이었음을 감안하면 상당히 모순적이고 아이러니하기 때문이다. 1980년대 한국사회는 1960년대 이래 박정희 정권에 의해 계획·실행되고 전두환 정권에 의해 계승된 경제성장 제일주의의 '조국 근대화' 체제가 지속되고 있었다. 이 체제 하에서는 국민교육 헌장에서 강조하듯 온 국민/우리가 '민족중흥의 역사적 사명을 띠고' 조국 근대화와 산업 발전에 기여해야 한다는 의무가 언제나 강조되었다. 권리는 없고 의무만 있는 국민에게 스크린, 섹스, 스포츠라는 3S를 장려하는 문화정책으로 약간의 유희와 쾌락을 허한 것은 전두환 정권이었다. 3S 정책과 성인 관객의 열광적인 호응과 더불어 당대 세계영화의 트렌드였던 극장용 성인영화 제작 붐을 타고 1980년대 한국의 주류 영화 장르로 자리 잡은 것이 에로영화이다.[4]

하지만 대다수의 1980년대 에로영화 연출자들이 검열제도가 허용하는 한도 내에서 시각적 에로티시즘을 최대한 활용하려 애쓰면서도 이에 대한

계〉(色, 戒, Lust, Caution, 2007)도 에로티시즘과 죽음의 교차를 보여주는 대표적인 영화들로 꼽을 수 있다.

4 좀 더 자세한 사항은 다음 논문을 참조할 것. 이윤종, 「한국 에로영화와 일본 성인영화의 관계성 - 〈애마부인〉을 중심으로 본 양국의 1970-80년대 극장용 성인영화 제작관행」, 『대중서사연구』 제21권 2호, 대중서사학회, 2015. 8, 81-117쪽.

불편함을 극복하지 못하고 균열을 만들어내는 지점이 바로 죽음이라는 결론이다.[5] 다시 말해 1980년대 한국 영화인들은 성인 관객들에게 관음증적 시각적 쾌락과 단기간의 성적 유희를 제공하는 데 나름대로 열과 성을 다했음에도 에로티시즘과 성애의 표현에 대해 이중적인 자세를 견지하고 있었던 것이다. 대다수의 에로영화에서 충분히 노동하지 않고 성적 쾌락과 유희를 추구하는 데 적극적인 자는 처벌받아 마땅하다는 산업역군적인 발상 하에 서사가 전개된 결과가 윤리적 응징으로서의 죽음이다. 단순하게 말하자면, 1980년대 한국 에로영화는 관객의 성적 호기심과 욕구를 자극하기 위해 생성된 영화장르였음에도 성욕이 과도해져 일상과 노동에 지장을 줄 경우의 위험성을 경고하는 역할을 수행하는 모순적·역설적 위치에 놓여 있었던 것이다. 이러한 위치를 가장 극명하게 표출하는 영화가 당대의 풍자해학 에로사극의 대표 주자이며 가장 유명한 1980년대 에로영화 중의 한 편으로 손꼽히는 〈변강쇠〉(1986)이다.

본고는 〈변강쇠〉를 중심으로 1980년대 한국영화의 죽음과 에로스의 관계를 분석하고자 한다. 〈변강쇠〉의 두 주인공은 프로이트적인 에로스와 죽음충동을 구현하는 인물로서 지나치게 과도한 성적 능력을 지녀 공동체에

---

5 본론에서도 언급하겠지만 〈변강쇠〉의 경우에도 시각적 에로티시즘을 극대화하려는 듯
   하면서도 검열을 의식해서인지 남녀의 노출이나 성 행위 장면을 최대한 은폐하기 위한
   트릭으로서 나무기둥이나 바위, 자연풍광 등을 활용하는 장면들이 허다하다. 〈변강쇠〉
   가 아니더라도 많은 에로영화들이 여성의 가슴을 노출한다거나 연출된 성 행위를 직접
   적으로 보여주지 않기 위해 열락을 연기하는 배우들의 얼굴이나 땀에 젖은 등, 다리 등을
   은유적으로 대신 전시함으로써 관객의 상상을 유도하는 경우가 일반적이다. 본 연구자
   의 다른 글들에서도 여러 번 언급한 바 있지만, 1980년대 에로영화는 당대의 기준에서 에
   로티시즘이 극대화된 영화장르일 뿐 동시대의 에로비디오나 1990년대 이후의 성인관객
   용 영화들과 비교할 때 성적 표현의 수준이 현저히 떨어진다는 아이러니를 보이고 있다.

해악을 끼치는 인물로 설정된다. 그러나 옹녀가 강인한 생활력을 지닌, 노동하는 아낙네로 변모하는 동안 변강쇠는 섹스와 유희에 대한 집착에서 벗어나지 못하는 무능하고 못난 남편으로 남는다. 영화의 원작이라 할 수 있는 판소리 사설 「변강쇠가」와 대조해 보면 영화 속 변강쇠의 과잉 성욕자로서의 무능한 남성의 모습은 원전보다 훨씬 더 퇴행적이고 문제적으로 그려지는 것을 알 수 있다. 또한 원전과 달리 영화에서 과잉 성욕과 성적 쾌락의 추구는 그의 죽음의 직접적 원인으로 묘사된다. 이는 판소리 사설을 현대적으로 재해석한 결과로 보이는데, 금욕하지 않고 쾌락을 위해 소비만 하는 비생산적 삶은 축출되어 마땅하다는, 1980년대 한국사회의 자본주의적 무의식이 반영된 결과로 보인다.

이러한 1980년대 한국사회의 자본주의 가치관은 베버(Max Weber)가 분석한 프로테스탄티즘 윤리와 자본주의 정신이 결합된 서구(1980년대 당시 제 1세계, 즉 서유럽과 북미)의 금욕적 노동윤리와도 맞닿아 있다.[6] 이는 한편으로는 서구 선진국의 산업화와 자본주의화를 따라잡기에 급급했던 1980년대 한국 사회의 사대주의적 이면과 정치적 무의식이 드러난 것으로 보인다. 다른 한 편으로는 한국의 국가 권력이 알튀세(Louis Althusser)적인 '이데올로기적 국가 기구'로서 푸코(Michel Foucault)가 말하는 '생체권력(biopower)'을 작동시켜 국민의 건강과 안전을 보호하고 권장한다는 명분하에 그들의 노동 시간과 여가 시간을 통제하면서 금욕하며 쉬지 않고 노동하는 신체가 되어야 한다는 이데올로기를 군대와 교육기관, 지역 행정기관 등을 통해 국민

6 다음을 참조할 것. 막스 베버, 김현욱 옮김, 『프로테스탄티즘 윤리와 자본주의 정신 외』, 동서문화사, 1978, 2014.

전체에게 주입시킨 인식론적 결과이기도 하다.[7] 따라서 본론에서는 1980년 대 영화 〈변강쇠〉를 조선 후기의 판소리 사설 「변강쇠가」와 비교분석한 후, 과잉 성욕자로서의 변강쇠의 죽음의 의미를 1980년대 한국 사회의 노동과 유희에 대한 전반적인 인식 속에서 해석하고 되짚어볼 것이다.

2. 영화 〈변강쇠〉와 판소리 사설 「변강쇠가」

1) 〈변강쇠〉가 전달하는 "무분별한 성은 곧 파멸이라는 교훈"

엄종선 감독의 1986년 영화 〈변강쇠〉는 다음과 같은 자막으로 시작하며, 영화의 원전과 지향점을 처음부터 문자와 언어로 분명히 밝힌다.

> 18세기 영조 조(朝). 유교 사상의 지배 하에 신앙을 잃은 서민 계층은 무속
> 에 의존케 되고 무속과 성을 한데 엮어 형성된 이 노래를 고종 조의 거장 신
> 재효가 정립한 것이 '변강쇠가'로, 일명 '가로지기 타령'이라 하여 판소리 열
> 두 마당 중에 하나이다.
> 이 작품에선 <u>성 윤리의 해학적 의미의 참뜻을 에로티시즘으로만 간과하려
> 는 상업성을 탈피</u>하면서 그 시대의 유랑 서민들의 웃음과 눈물을 서사적 영

---

7 다음을 참조할 것. Louis Althusser, "Ideology and Ideological State Apparatus", in *Lenin and Philosophy and Other Essays*, trans. Ben Brewster (New York : Monthly Review Press, 1971, 2001), pp. 127-186. Michel Foucault, *The History of Sexuality Vol. 1 : An Introduction*, trans. Robert Hurley (New York : Vintage Books, 1990).

상미로 승화시켜 <u>무분별한 성은 곧 파멸이라는 교훈을 던짐으로써</u> 우리 고
전의 진정한 의미를 오늘에 재조명하고저 한다.[8]

"무분별한 성은 곧 파멸이라는 교훈"을 주겠다는 영화는 "우리 고전의 진
정한 의미를 오늘에 재조명"하겠다는 의도를 천명한다. 그러나 영화 〈변강
쇠〉와 판소리 사설 「변강쇠가」는 서사 전개와 주제의 지향점이 상당히 다르
다.

조선 후기의 장승 숭배적 토속 신앙과 유교적 열녀 숭배 사상이 혼합된 판
소리 사설과 비교했을 때, 1980년대 영화 속 변강쇠의 죽음은 프로이트적 죽
음충동에 의한 성적 쾌락에의 퇴행성, 즉 금욕하며 노동하는 생산적이고 건
설적인 삶을 등지고 유희와 성적 쾌락에 몰두하는 나태하고 자기파괴적인
신체에 대한 발전중심주의적 자본주의 사회의 응징으로 보인다. 서론에서
도 언급했듯, 에로티시즘을 추구하는 영화에서 "상업성을 탈피"하면서 일하
지 않고 성적 쾌락만 추구하는 삶을 죄악시하는 이중적이고 모순적인 도덕
관을 전면에 배치하고 있는 것이다. 판소리 사설과 영화의 차이점은 다음 절
에서 상술하겠지만, 〈변강쇠〉는 자막, 즉 문자로 선포한 주제의식을 구체화
하기 위해 무분별한 성이 파멸로 치닫는 과정을 영상화하는 데에 주력한다.

〈변강쇠〉의 오프닝 해설 자막이 넘어가자마자, 영화는 성욕과 성적 능력
이 과도해 그들을 감당할 짝을 만나지 못하던 두 떠돌이 남녀, 변강쇠(이대
근 분)와 옹녀(원미경 분)가 서로에 대한 소문을 듣고 전자는 남쪽에서 상행,
후자는 북쪽에서 하행하면서 서로를 찾아가는 과정을 보여준다. 이는 '남남

---

8 엄종선, 〈변강쇠〉, 1986, (주) 합동영화. 밑줄 강조는 필자.

북녀'라는 한국적 신화를 영화 속에서 성적인 능력으로 치환해 설정한 것으로 보인다. 이와 함께 변강쇠와 옹녀가 왜 만나야만 하는지를 설명하기 위해 그들의 성적 능력을 감당할 수 없었던 잠자리 상대들이 그들을 기피하거나 죽음을 당하는 회상 장면들이 코믹하게 배치된다. 이 장면들에서 남녀의 성적 능력에 대한 1980년대식 사회적 편견이 작용함을 알 수 있다.

강쇠의 경우는 단지 그의 정력에 몸이 남아나지 않는다며 불평하는 여인네들이 두 번 다시 그와 성관계를 갖지 않으려 하는 정도로 끝나지만, 옹녀는 잠자리를 같이 한 모든 남자들을 죽음으로 이끄는 신비하고도 위험한 능력을 가진 여자로 묘사된다. 흔치 않은 복상사의 책임을 여성에게 떠넘기는 것은 물론이며, 모든 남자들을 복상사시킬 수 있는 능력을 지닌 괴물과도 같은 여자가 존재하리라는 신화적 믿음을 공공연히 하고 있기도 하다. 에로사극이면서도 코미디물인 〈변강쇠〉의 혼종 장르적 성격을 강조하기 위한 설정의 하나라 볼 수도 있다. 그러나 영화의 말미에 강쇠처럼 죽음에까지 이르지는 않음에도 여러 번 재가하다 마지막 남자인 줄 알았던 남편을 잃은 충격으로 정신이 나가는 비극적 인물로서 제시된 옹녀는 그야말로 "무분별한 성은 곧 파멸"이라는 교훈을 온몸으로 설파하는 인물로 보인다. 게다가 영화 속에서 옹녀는 양반집 규수로 태어나 양반집에 시집갔지만 결혼 첫날밤에 남편이 복상사를 한 이후로 시댁에서 쫓겨나 이 마을 저 마을을 떠도는 하층민 신세가 된 것으로 그려진다. 그녀가 정착하는 마을마다 남자들이 목숨을 부지하지 못하고 하나하나 죽어나가면서 매번 마을 아낙네들로부터 돌팔매질을 당하며 쫓겨나기 때문이다. 자신이 의도하지 않은 능력을 지녀 억울하게 신분이 강등된 데다 남들의 손가락질을 받는 처지가 되어 유랑민이 된 것이다.

이와 달리 변강쇠는 언제부터 "유랑 서민"이 되었는지 확실치 않고 아마도 자발적으로 자신의 정력을 감내할 여성을 찾아다니는 것으로 보인다. 게다가 영화에서 가장 유명한 장면 중의 하나인, 강쇠가 절벽에서 소변을 보는 장면에서는, 그의 소변 줄기가 절벽 아래로 폭포처럼 쏟아지는 컷을 통해 그의 뛰어난 정력을 코믹하게 압축해서 보여준다. 옹녀와 달리 강쇠의 정력은 실상 그의 삶에 큰 불편을 끼치는 것은 아니고 과시할 만한 자랑거리인 것이다. 영화 속에서 옹녀와 강쇠에 대한 소문은 팔도에 퍼지고, 전자는 점차 남자들이 기피하는 '치명적' 대상이 되지만, 후자는 여자들이 그에게 호기심을 느끼고 먼저 유혹할 뿐 아니라 남자들에게는 부러움과 시기심을 사는 존재로 설정되어 있다.

영화의 중반부에서, 서로의 과잉 정력을 감당할 수 있는 상대를 찾아다니며 유랑하던 강쇠와 옹녀가 마침내 어느 들판에서 마주치게 된다. 서로를 소개하고 궁합마저 좋다는 것을 태어난 해와 시로 맞춰본 그들은 곧바로 혼례를 하기로 하고 서로에게 맞절을 한다. 곧이어 슬로우 모션으로 서로에게 달려가 포옹을 한 이들은 그대로 야외에서 정사를 나누는데, 성적 능력이 지나치게 뛰어난 두 남녀의 성적 결합은 말 그대로 천지개벽을 일으킨다. 새들은 날아가고, 나무들은 쓰러지며, 산에서는 큰 바위가 굴러 떨어진다. 지나가던 스님은 이들을 보고 깜짝 놀라 눈을 감고 목탁을 두드리다 그것이 깨져 손에 피가 날 정도로 염불을 왼다. 영화의 하이라이트라고도 할 수 있는 이들의 첫 만남 장면은 에로틱하면서도 코믹하고 대단히 과장되어 있어 관객의 포복절도를 유도하게 된다. 앞서 언급한 변강쇠의 소변 줄기 장면과 더불어 이러한 포복절도할 코믹 요소 때문에 〈변강쇠〉는 1980년대 최고의

코미디 영화로 꼽히기도 한다.[9]

서로의 사주팔자로 판명되는 겉궁합은 물론이요, 소위 속궁합이라는 성관계마저 잘 맞는 것을 확인한 두 사람은 곧 한 마을에 정착해 신접살림을 차린다. 그러나 결혼 초반에는 행복하기 더할 나위 없던 과잉 성욕자 부부의 파탄은 무능한 남편으로 인해 발생한다. 강쇠는 결혼 전과 마찬가지로 결혼 후에도 '음주, 노름, 계집질'라는 남성의 3대 악습을 계속 유지할 뿐 아니라 아내를 의심하고 구타하기까지 한다. 강쇠가 경제적 수입을 얻는 주요 수단은 놀음과 씨름으로, 그는 꾸준히 성실하게 한 가지 노동에 매진하는 것이 아니라 언제나 한탕주의를 지향한다. 특히, 1980년대 최대의 인기 대중 스포츠로 부각되었던 씨름은 영화 속에서 변강쇠의 정력과 남성성을 상징적으로 보여주는 장치로서 작동해, 그는 씨름 대회에만 출전하면 우승해서 상금과 함께 뭇 여성들의 눈길, 즉 성적 유혹도 함께 끌어온다. 그러나 씨름으로 번 돈을 노름으로 탕진하는 강쇠가 돈을 모을 수 있을 리 없는 데다, 그는 미혼, 기혼, 양반, 서민을 가리지 않고 여자들과 정을 통한다. 그러다가 지체 높은 양반 나리에게 발각이 돼서 산 채로 매장당할 위기에 처하기도 하고, 노름할 돈이 부족해지자 옹녀와의 합의도 없이 젊은 첩을 원하는 고령의 양반에게 아내를 팔아넘기기도 한다. 강쇠의 유희와 쾌락에 대한 이기적인 집착으로 인해 부부는 유랑 생활을 지속하게 된다. 변강쇠가 이토록 문제적 남편인 것과 대조적으로, 옹녀는 결혼 후 정숙하고 생활력 강한 아내가 된다. 그녀는 행상과 삯바느질, 잔칫집 도우미 등으로 생계를 유지

9 강소원, 「1980년대 한국 '성애영화'의 섹슈얼리티와 젠더 재현」, 중앙대학교 첨단영상대학원 박사학위 논문, 2006, 130쪽.

하며 가정의 실질적 가장이 된다.

 그러나 매번 남편을 사랑과 자비로 용서하다 그의 모든 악습과 악행으로 인한 떠돌이 생활에 지친 옹녀는 마침내 강쇠에게 깊은 산중에 들어가서 살자고 간청하게 된다. 부부가 지리산으로 들어가 잠시나마 행복한 시간을 보내던 중 만취한 강쇠가 장승을 뽑아 불쏘시개로 쓰면서 비극은 재개된다. 그는 임신한 아내를 위해 한겨울의 산중에서 구하기 힘든 음식거리를 구하러 오랜만에 읍내에 나갔다가 친구들을 만나 한동안 끊었던 술을 마시고 만취한 채 날이 저물어 산중으로 복귀한다. 만취 상태에서 풀린 눈으로 장승에게 부딪힌 강쇠는 그것을 자신에게 싸움을 거는 험상궂은 사내로 오인하고, 힘과 정력이라면 남부러울 것이 없는 그이기에 장승과 난투를 벌인다. 격투 끝에 장승을 뽑고 난 후에야 나무토막임을 알게 된 그는 그것을 집에 가져와서 장작으로 팬다. 강쇠가 도끼질을 할 때마다 만삭의 옹녀는 복통을 느끼는데, 장승 조각으로 불을 지핀 후 방에 들어온 강쇠는 복통으로 정신이 없는 아내와 성 관계 도중 급사하고 만다. 영화는 복통으로 거의 의식을 잃었다가 정신을 차린 옹녀가 이전의 남편들 및 잠자리 상대들처럼 강쇠가 죽어 있는 것을 발견하고는 실성해서 만삭의 몸으로 눈밭으로 뛰쳐나가며 끝난다.

 영화의 결말은 표면적으로는 강쇠가 토테미즘의 상징인 장승에 대한 불손함으로 인해 천벌을 받아 죽은 것으로 해석될 수 있다. 영화의 첫머리에서 자막으로 천명한 "무분별한 성은 곧 파멸이라는 교훈"을 무속신앙과 결합시켜 표현한 것처럼 보인다. 그러나 좀 더 깊이 들여다보면 강쇠가 "무분별한 성" 행위는 물론이요, 영화의 시작부터 끝까지 제대로 된 직업을 갖지 않고 노동하지 않는 신체로서 성적 쾌락과 놀음, 유희 등으로 점철된 삶을 살다가 옹녀와의 성 관계 도중 마침내 그녀의 전 남편들처럼 복상사를 하고 만다는 것에 주목할 수밖에 없다. 옹녀의 성적 능력을 견뎌낼 수 있던 유일한 남자였던 변강쇠마저도 마침내 이를 견디지 못하고 파멸하는 것이다. 이것은 과연 장승 때문일까? 강쇠처럼 죽음이라는 천벌을 받지는 않더라도 만삭의 몸으로 실성한 옹녀는 과연 온전히 목숨을 부지할 수 있을까? 왜 영화에서는 강쇠마저도 옹녀로 인한 복상사의 희생양으로 그려지는 것일까? 이러한 영화적 설정들은 조선 후기에도 유의미했던 것들일까? 이러한 질문들에 답하기 전에, 영화 〈변강쇠〉의 1980년대적 의미를 재고하기 위해 판소리 사설과의 비교는 필수적이라 할 수 있다. 다음 절에서는 판소리 사설 「변강쇠가」를 살펴보고 영화 〈변강쇠〉와의 공통점 및 차이점 등을 비교 분석해 볼 것이다.

2) 「변강쇠가」에서의 장승신앙과 유랑서민 및 여성재가의 문제

신재효의 판소리 사설, 「변강쇠가」에서 변강쇠는 영화와 마찬가지로 여자와 "가보," "골패," 윷, 장기 등의 놀음을 좋아할 뿐 아니라 툭하면 과음하고 싸움질하며 다니는 문제적 남자로 묘사된다.[10] 그는 영화에서처럼 옹녀가 행상을 해서 돈을 벌어오면 그 돈을 노름으로 탕진한다. 그러나 「변강쇠가」에서 이 부부는 영화와 달리 과도한 성욕을 지닌 인물들이라기보다 영화가 원래 의도했으나 재현하는 데에 실패한 "유랑 서민들의 웃음과 눈물"에 좀 더 특화된 유랑민들 중 한 부류로 그려진다. 또한 판소리 사설에서의

10 다음을 참조할 것. 강한영, 『신재효 판소리 여성 마당집』, 형설, 1982, 429-430쪽.

강쇠는 영화에서처럼 과잉 정력으로 인해 여성들에게 성교 후 통증을 가하는 남성 정력의 상징이 아니라 조금 비뚤어진 바람둥이일 뿐이다. 옹녀도 영화에서처럼 양반 출신이 아니라 재수 나쁘게 여러 번 재가하며 이 마을 저 마을을 떠도는 서민 여성으로 묘사된다. 판소리 사설의 옹녀는 여러 번 과부가 되었기는 하지만, 매번 남편들을 복상사시켜서 그런 것이 아니라 어찌 하다 불운하게 그런 처지가 된 것으로 소개된다.[11] 그러나 영화 속 옹녀처럼 「변강쇠가」의 옹녀도 양반에게는 금지되었고 서민에게도 곱지 않은 시선을 보냈던 수차례의 재가의 경험으로 인해, 마을의 천재지변이 있을 때마다 원인 제공자로 지목되어 의도치 않게 유랑민이 된다.

영화와 달리 신비할 정도의 과도한 성적 능력을 지닌 부부의 이야기가 아님에도 「변강쇠기」가 유명한 이유는 신재효의 판소리 열두 마당 중 실재하는 일곱 마당 가운데 유일하게 성적 표현의 수위가 높기 때문이다. 19세기 후반에 완성된 신재효의 「변강쇠가」를 읽어보면 문자언어로 표현된 성적 묘사가 20세기 후반의 영화 〈변강쇠〉보다도 오히려 노골적이고 적나라하게 이루어져 있음에 놀라지 않을 수 없다. 구비 전승되던 「변강쇠가」는 이처럼 음란하고 저속하다는 이유로 예나 지금이나 판소리로 직접 공연되는 일이 매우 드물어 오늘날에는 문자로 기록된 사설로서의 존재감이 가장 크다. 그럼에도 현대 한국사회에서 「변강쇠가」가 유명해진 가장 큰 이유는 영

---

11 신재효의 판소리 사설에서는 "열다섯에 얻은 서방 첫날밤 잠자리에 급상한(急傷寒[갑작스런 열병으로 복상사의 일종])으로 죽고, 열여섯에 얻은 서방 벼락 맞아 식고, 열 일곱에 얻은 서방 용천병(湧泉炳[나병, 간질 따위의 나쁜 병])에 퍼고…"라며 옹녀가 한 가지 원인이 아니라 온갖 예기치 못한 질병과 재난들로 이전 남편들을 불운하게 잃었음을 서술한다.

화 〈변강쇠〉가 1986년 개봉과 함께 흥행에 크게 성공하며 굳건한 대중적 인지도를 획득한 나머지 1980년대 이후의 한국 사회에서 변강쇠란 이름은 정력이 강한 남자의 대명사로 굳어졌기 때문이다. 〈변강쇠〉의 상업적 성공으로 엄종선 감독은 〈변강쇠 (속)〉(1987)와 〈변강쇠 3〉(1988)을 연이어 연출한 바 있다.

그러나 언급한 것 외에 〈변강쇠〉와 「변강쇠가」의 가장 큰 서사적 차이점은 플롯의 구조이다. 변강쇠의 죽음으로 종결되는 영화와 달리 판소리 사설에서는 서사의 중반부에 변강쇠가 갑자기 죽게 되어 후반부에는 방바닥에 딱 붙어서 꼼짝도 안 하는 그의 시신을 수습해 장례를 치르려는 옹녀의 고난이 전개된다. 「변강쇠가」는 「변강쇠 타령」, 「가루지기 타령」, 「횡부가(橫負歌)」로도 불리는데, 한자어로 '횡부(橫負)'인 가루지기는 서민의 시신을 지게에 가로로 지고 가는 것을 뜻한다. 「가루지기 타령」이나 「횡부가」라는 제목은 실상 「변강쇠가」의 후반부의 내용에 해당되는 것으로서 가루지기를 할 수 없는 상태의 죽은 강쇠의 모습을 대변한다. 「변강쇠가」는 영화 〈변강쇠〉 시리즈 이외에도 〈가루지기〉란 제목으로 1988년과 2008년에 두 차례 영화화되기도 했는데, 「변강쇠가」는 판소리로 공연되기보다 영화화를 통해 그 명맥을 유지해 왔을 뿐 아니라 오히려 더 대중화된 셈이다.

강쇠의 죽음은 영화와 판소리 사설 양측에서 공통적으로 그가 만취한 채 천하대장군 장승을 뽑아갖고 와서 불쏘시개로 쓰는 신성모독을 저지르기 때문에 초래된다. 그러나 영화와 달리 「변강쇠가」의 후반부에서는 쪼개진 채 불에 타게 된 인격화된 장승의 분노한 영혼이 저승에서 다른 장승들을 소집해 강쇠를 어떻게 처벌할지 회의를 하고 그에게 매우 구체적으로 끔찍한 징벌을 내린다. 장승들은 자신들을 섬기는 인간들을 위해 각자가 막아주는 기능을 담당하는 모든 종류의 질병을 변강쇠에게 하나씩 걸리게 한다. 온갖 질병을 하나씩 다 얻은 채 처절한 고통 속에서 얼굴과 몸이 부패한 강쇠는 나무토막처럼 딱딱하게 굳어가며 처절하게 죽음을 맞이한다. 판소리 사설의 강쇠는 죽어 가면서도 옹녀가 다시는 재가하지 못하게 할 것을 맹세하고 방바닥에 철썩 달라붙어 죽는다. 옹녀는 시신을 수습하기 위해 집 앞을 지나가는 남자들을 하나씩 불러 세운다. 이때 판소리 사설에서는 변강쇠와 옹녀 외에는 "유랑 서민"이 등장하지 않는 영화와 달리 다수의 떠돌이 하층민들이 등장해 옹녀를 도우려 한다. 땡중부터 시작해서 초라니, 풍각쟁이, 마종, 각설이, 남사당패 등이 지나가다 옹녀의 미모에 반해 변강쇠의 시체를 옮기려다 실패하고 강쇠의 저주로 시신이 누워 있는 방에서 그와 똑같이 굳은 채 방바닥에 붙어 죽어버린다. 나날이 옮길 수 없는 시체들이 하나하나 늘어가 좌절하던 옹녀를 도와 마침내 강쇠를 포함한 모든 시신들을 성공적으로 옮기는 이는 옹녀와 결혼하거나 성적으로 연루되지 않을 것을 강쇠의 시신 앞에서 맹세하는 뎁득이다. 뎁득이의 지혜로 시신을 수습한 옹녀는 죽은 남편에게 재가하지 않을 것을 다짐하고 홀연히 사라진다.

서종문은 신재효의 판소리본이 이처럼 변강쇠와 옹녀는 물론 다양한 남성 유랑민들을 등장시키는 것은 정착의 꿈이 좌절된 유랑민의 비애와 비극을 그리고 있는 것이라고 분석한다. 또한 조선 시대에 마을과 읍내와 도의 경계선마다 세워진 장승은 지역을 구분하는 역할을 수행함으로써 변강쇠와 그의 아내가 정착하지 못하도록 방해하는 존재라고 해석하기도 한다.[12] 영화에서도 장승 동티로 인해 변강쇠가 죽음을 맞이하지만, 「변강쇠가」에

---

12 다음을 참조할 것. 서종문, 『판소리와 신재효 연구』, 제이앤씨, 2008.

서는 무속과 장승 숭배, 유랑자의 삶이 차지하는 의미가 실로 상당히 크다. 원전의 이러한 요인 때문에 영화는 "유랑 서민의 웃음과 눈물을 서사적 영상미로 승화"시키려 했으나, 「변강쇠가」처럼 다양한 조선 후기의 유랑민들 및 장승의 영들을 등장시켜 이를 구현하지는 못하고 있다.

　다른 한편, 영화에서도 강쇠가 결혼 후에 옹녀에게 온갖 민폐와 폭력을 가하지만, 신재효의 판소리 사설에서의 변강쇠는 죽기 전은 물론 죽은 후에도 아내를 핍박하고 괴롭힌다. 따라서 설중환은 강쇠가 유랑민의 분노와 좌절을 술과 도박과 계집질이라는 '비정상적' 방식으로 해결하는 반항적 인물로 파악한다. 또한 조선 시대에 지역과 지방을 구획 짓는 것뿐 아니라 다양한 질병과 악운을 막아주는 것으로 믿어졌던 장승이 성적 일탈의 위험에 대해 경고하는 기능도 가지고 있다고 역설한다. 온갖 질병에 다 걸려서 처참하게 일그러진 얼굴로 방바닥에 달라붙어서 죽어 가는 강쇠는 단순히 장승을 불에 태워서 천벌을 받았을 뿐 아니라, 그의 비정상적 성욕에 대한 응징으로서 장승처럼 눈을 크게 부릅뜨고 무섭게 일그러진 얼굴에 통나무처럼 빳빳하게 굳은 몸으로 변하며 죽음에 이른다는 것이다. 따라서 죽어서 새로이 또 하나의 장승이 된 강쇠는 자신과 같은 유랑민 남성들이 원칙적으로 여성의 재가를 허용하지 않는 조선 사회에서 옹녀를 비롯한 기혼녀들과 위반적이거나 불륜적인 관계를 맺지 않도록 금지하고 경고한다는 것이다. 따라서 설중환은 이러한 금지와 경고가 일부다처제인 조선의 기존의 관습 위에 남녀평등에 기초한 현대적인 일부일처제의 개념이 조선 후기에 스며들면서 결혼과 성 역할, 윤리 의식에 대한 두 가지 관념이 혼용된 결과라고 해

석한다.[13]

강쇠가 장승으로 재탄생해 옹녀의 재가를 막으며 성적 위반과 일탈을 금하는 기능을 한다는 설중환의 해석에는 동의하지만, 그것이 현대적인 일부일처제와 성 역할의 개념이 조선 후기에 스며든 결과라는 관점에는 재고의 여지가 있어 보인다. 왜냐하면 일부일처제는 현대적 결혼제도라기보다 본디 고대부터 성경에서 권장해 오던 기독교적 결혼 제도로서 근세에 가까운 언젠가부터 서구에서 유지되어 온 풍습이기 때문이다. 21세기의 현재에도 기독교의 영향을 받지 않은 지구상의 절반 이상의 세계, 특히 이슬람 문화권에서 일부다처제가 지속되고 있음을 감안하면 일부일처제가 현대적인 제도라고 단언하기는 어렵다. 또한 일부일처제가 남녀평등에 기반을 두고 있다고 하기에는 너무나도 복잡다단한 많은 요소들이 그 주변에 얽혀 있다.[14] 일례로 21세기의 한국사회에서 일부일처제는 너무나 당연한 결혼의 형식과 제도로서 자리 잡았지만 그것이 남녀의 평등, 특히 가사노동과 육아에 있어서의 평등을 보장한다는 근거는 매우 희박하다.

장승이 인간에게 행하는 성적 금기와 위반에 대한 처벌은 신재효의 판소리 사설보다는 영화에서 더 두드러지게 나타나는 것으로 보인다. 「변강쇠가」에서의 강쇠는 죽을 당시에는 장승의 저주를 받아 고통스럽게 최후를 맞이하지만, 죽은 이후에는 장승으로 재탄생해 초인간적인 힘을 갖고 아내

---

13 다음을 참조할 것. 설중환, 『판소리 사설 연구』, 국학자료원, 1994.

14 마르쿠제(Herbert Marcuse)는 일부일처제 가족이 가부장의 사적 재산 소유와 노동의 보편화를 통해 부계 전승의 남성의 "쾌락에 대한 독점(monopoly of pleasure)"으로 유지됨을 지적한 바 있다. 다음을 참조할 것. Herbert Marcuse, *Eros and Civilization : A Philosophical Inquiry into Freud* (Boston : Beacon Press, 1955, 1966), p.75.

를 곤혹스럽게 하는 데에 온갖 열과 성을 다하기 때문이다. 그는 죽기 전이나 후나 초지일관 심성이 꼬인 사내로서 별다른 이유도 없이 자신의 아내를 학대하고 그녀의 행복을 가로막는 미성숙한 인간일 뿐이다. 그렇기에 장승을 뽑아 땔감으로 쓸 정도로 겁도 없고 대책도 없는 인물이다. 영화 속에서의 장승은 매우 짧게 등장하기는 하지만 전근대 사회의 신화적 존재라기보다 현대 한국사회에서 종교적 존재라 할 수 있는 국가 권력을 상징하는 것으로 보인다.[15] 판소리 사설은 성 윤리나 결혼관에 대한 도덕적 정립보다는 하층 유랑민으로 전락한 민중이 장승 동티를 두려워하게 함으로써 권선징악적 교훈과 토속 신앙에 더욱 기대게 하려는 목적이 강하게 엿보인다. 그러나 영화에서 강쇠가 죽음에 이르는 심층적인 이유는 장승 신앙의 이교도에 대한 처벌보다는 장승으로 대변되는 국가 권력이 가하는 1980년대 한국사회의 성 윤리 의식을 위반한 자에 대한 처벌로 보인다. 그렇다면 그 성 윤리 의식은 어떤 것이었기에 변강쇠 뿐 아니라 불운한 옹녀마저 죽음에 가까운 응징을 받도록 하는 것일까?

15 베네딕트 앤더슨은 근대 사회에서 국가, 특히 민족국가가 전근대 사회에서 종교가 수행했던 역할을 대신한다고 보았다. 다음을 참조할 것. Benedict Anderson, *Imagined Communities : Reflections on the Origin and Spread of Nationlaism* (New York : Verso, 1983, 2006).

3. 〈변강쇠〉에서의 에로스와 죽음, 1980년대 한국 사회에서의 노동과 유희

　서론에서 인간의 에로티시즘과 죽음이 맺는 밀접한 관계는 프로이트가 상정한 에로스와 죽음충동의 이원론과도 궤를 같이 한다고 언급한 바 있다. 물론 에로스와 죽음충동은 추상적이고 포괄적인 개념이어서 단순하게 에로티시즘과 죽음으로 환원될 수만은 없다. 왜냐하면 에로스는 리비도나 에로티시즘 뿐 아니라 삶을 추동하는 에너지 전반을 일컫는 것이고, 죽음충동은 인간이 실제적인 죽음을 갈망한다는 것이 아니라 살면서 죽음에 가까울 정도로 고통스러운 순간이나 과정을 발작적으로 반복하고 떠올리는 습성에 대한 비유적 용어이기 때문이다. 또한 죽음충동의 발견은 프로이트가 학자로서 그의 인생 전반기에 기획했던 삶의 원리, 즉 인간이 '쾌락 원칙(pleasure principle)'에 의거해 가능한 불쾌한 것은 피하고 쾌락을 추구하며 살기에 꿈은 이러한 무의식적인 인간의 '소원 성취(wish fulfillment)' 기능을 수행한다는 전제를 재설정하는 시도이기도 하다. 즉, 죽음충동은 인간이 잠을 잘 때건 깨어 있을 때건 쾌락 원칙에 위배될 정도로 불쾌하고 고통스러운 행위를 반복하고 그 기억을 떠올리는 파괴적인 퇴행성을 의미하는 것이다. 그리고 그 퇴행성의 끝에는 생명 이전의 상태, 즉 죽음과도 같은 무생물 상태로의 회귀가 있을 것이라는 가정이다.[16]

　〈변강쇠〉에서 강쇠는 프로이트적 쾌락 원칙에 지나치게 충실한 삶을 사는 나머지 언제나 자기가 하고 싶은 유희와 쾌락, 한탕주의만을 추구할 뿐

16　Sigmund Freud, *op. cit.*, 1990, *passim.*

한 곳에 정착해서 규칙적인 일을 하며 자기 자신과 아내를 경제적으로 부양해야겠다는 현실적인 인식, 즉 '현실 원칙(Reality Principle)'의 개입을 전면 부정한다. 프로이트가 죽음충동을 상정하며 쾌락 원칙으로만은 설명될 수 없는 인간 심리의 복잡다단함을 설명했듯, 강쇠의 극단적인 쾌락 원칙의 추구는 에로스보다 죽음충동에 의한 강박으로 변질되어 그가 음주, 도박, 섹스로만 점철된 생활로 반복적으로 회귀해 스스로의 삶을 극단으로, 즉 죽음으로 내몰고 만다. 상대 여성들의 결혼 여부를 가리지 않고 성적 유희를 벌이다 매번 기혼녀들의 남편들이 그를 마음에서 쫓아내고, 구타를 가하고, 심지어는 산 채로 매장을 시키는 위기에까지 다다르게 해도 그는 중독적인 섹스 지향에서 벗어나지 못한다. 섹스뿐 아니라 도박과 음주도 그의 이성을 상실하게 해 놀음빚을 갚기 위해 옹녀를 양반 노인에게 첩으로 보내기도 하고 궁극에 가서는 장승을 사람으로 착각해 뽑게 만든다. 강쇠의 삶에서 섹스, 놀음, 음주는 톱니바퀴처럼 맞물려 있어 영화 속 많은 장면들 속에서 강쇠는 죽음의 위협을 반복적으로 느끼면서도 그것들을 끊지 못한다.

강쇠의 삶과 죽음에 맞물려 있는 음주, 도박, 섹스라는 유희는 바타이유(Georges Batailles)가 제시한 삶의 연속성과 불연속성의 경계선에서 인간이 느끼는 죽음과도 같은 황홀경을 연상시킨다. 바타이유는 성적 합일을 통한 황홀경의 순간에 인간이 존재적 연속성을 상실하고 죽음과도 같은 단절, 즉 "작은 죽음(little death)"을 맞는다는 독특한 에로티즘을 펼친 바 있다.[17] 강쇠가 세 가지 유희를 강박적으로 반복하는 것은 매순간 바타이유적인 작은 죽

---

17 Georges Batailles, *Erotism : Death and Sensuality*, Trans. Mary Dalwood (New York : City Light Publishers, 1986), p. 170.

음을 추구하는 것이지만, 그 죽음충동적인 반복성과 회귀성으로 인해 그는 결국 크고 실질적인 죽음으로 내몰리게 되는 것이다. 그러나 1980년대에 제작된 〈변강쇠〉에서 그에게 죽음이라는 천벌을 부가하는 장승의 존재는 어떻게 해석해야 하는 것일까? 오랫동안 구비 전승되다 근대의 문턱에서 문자로 기록된 판소리 사설에서 신적이고 종교적인 존재로서 기능하는 장승의 의미는 당연히 클 수밖에 없다. 그러나 앞 장에서도 질문을 제기했듯, 1986년 영화에서 장승은 왜 쾌락 원칙을 죽음충동적으로 추구하는 강쇠 뿐 아니라 현실 원칙과 타협해 착실하게 살아가는 옹녀에게까지 응징을 가하는 것일까? 이는 강쇠가 죽은 후 옹녀를 괴롭히는 판소리 사설의 후반부가 영화에 적용된 것이라 보아야 할까? 아무리 장승 동티로 인한 것이라지만, 왜 영화 속에서 강쇠는 아내와의 성교 도중 옹녀와 정을 통한 모든 남자들이 그러했던 것처럼 복상사를 당해야만 하는 것일까? 어찌 보면 복상사는 진정한 의미에서 바타이유적인 작은 죽음이 큰 죽음으로 전이된 것이라고도 할 수 있을 텐데, 그렇다면 강쇠는 실질적으로는 성적 쾌락의 최고조에 죽는 행운의 존재인 것일까? 물론 이러한 질문에 대한 대답은 영화의 관객마다 다를 것이다.

본고는 〈변강쇠〉의 종결부에서 강쇠와 장승과의 갑작스러운 마주침이나 그로 인한 동티는 현대 한국사회에서 장승이라는 신적인 존재가 가하는 '시적 정의(poetic justice)'나 죽음충동적인 극단적인 쾌락 원칙의 준수만으로는 충분히 설명될 수 없다는 입장에서 이러한 질문들에 접근하려 한다. 〈변강쇠〉가 1980년대 중후반의 한국에서 큰 대중적 성공을 거둔 영화 텍스트임을 감안하면 더욱 충분하지 않다. 앞서 잠깐 언급했듯, 영화 속에서 장승은 숭배하고 섬겨야 할 종교적 존재라기보다 강쇠와 옹녀를 지켜보고 감시할 뿐 아니라 그들을 포함한 국민의 삶과 죽음을 통제하는 푸코적 '생체권력'으로서의 현대 국가 권력에 더 가깝다. 장승은 인간의 키보다 훨씬 높은 곳에서 험상궂은 얼굴로 인간 세상을 내려다보는데, 이는 마치 푸코가 영국의 공리주의자인 벤담(Jeremy Bentham)이 설계한 '판옵티콘(Panopticon)' 형태의 감옥 모형도에서 착안해 첨탑 꼭대기에서 죄수들을 감시하는 간수의 권력 형상을 현대의 권력 체계로 설명한 것과 매우 유사하다.[18] 장승처럼 국민의 위에 군림하던 1980년대 한국의 개발독재적 · 발전주의적 국가 권력이 문제시하고 터부시할 수밖에 없는 점은 강쇠가 노동하지 않는 신체라는 것이다. 국가가 감독하고 관리하는 국민 개개인의 신체는 적당한 규율과 조련에 의해 국가의 생산성을 드높이기 위해 노동하고 건강을 관리하며 절제된 삶을 살아야 한다. "체력이 국력"이라는 박정희의 표어는 1980년대의 전두환 정권에도 지속적으로 적용되었으며, 박 정권과 달리 유희에 대한 약간의 자유를 허용했던 전 정권도 체력을 노동과 생산에 쓰지 않고 유희와 쾌락에 소비하는 것을 경계했다. 변강쇠는 바로 이렇게 약간만 허용된 유희의 자유를 양껏 활용하고 노동 생산성을 최저점으로 떨어뜨리며 체력의 소비와 낭비만 일삼는 존재로 영화에서 그려진다.

로라 넬슨(Laura C. Nelson)은 전두환에 이어 노태우 정권까지 이어지는 1980년대와 1990년대 초반에 국가가 환락 문화를 활용하면서도 과소비와 무절제한 삶을 통제하는 "과잉에 대한 단속(measured excess)"이 작동되는 방식을 동명의 책에서 설명한 바 있다.[19] 아이러니한 것은 이 단속이 국민이

---

18 다음을 참조할 것. 미셸 푸코, 이규현 옮김, 『감시와 처벌 : 감옥의 역사』, 나남, 2003.

19 다음을 참조할 것. Laura C. Nelson, *Measured Excess : Status, Gender, and Consumer Nationalism in South Korea* (New York : Columia University Press, 2000).

애국주의의 형태로 자발적으로 행하도록 국가가 개입하고 통제·통용시켰다는 사실이다. 따라서 박정희 정권부터 이어지던 근검절약의 기치는 유희에의 자유와 소비주의가 조금씩 물꼬를 트던 1980년대에도 '과소비 추방 운동' 등의 형태로 나타난다. 1980년대 한국 사회에서의 이러한 과잉에 대한 단속은 막스 베버가 종교혁명 이후의 서구 특히 서유럽 사회의 자본주의 정신의 특징으로 꼽은 프로테스탄트 금욕주의와도 맥이 닿아 있다. 베버는 다음과 같이 말한다; "프로테스탄티즘의 세속적 금욕은 소유물의 무분별한 향락에 전적으로 반대하였으며 온갖 소비, 특히 사치성 소비를 억압했다. 그런 반면 이 금욕은 심리적 효과로서, 재화 획득을 전통주의적 윤리의 방해로부터 해방시켰다."[20] 자본주의 이전 단계의 서구 사회에서 프로테스탄티즘은 물질과 부를 죄악시하는 경향이 있었지만, 그것이 자본주의와 결합하는 과정에서 부의 획득이나 배금주의는 더 이상 악행으로 간주되지 않고 성적으로, 소비적으로 절제되지 않는 삶이 문제시되기 시작한 것이다. 1980년대 한국사회는 박정희 정권 이래로 국가 주도의 서구 자본주의의 단기적·압축적 수입 과정에서 개신교 윤리와 결합한 자본주의 정신까지도 함께 수용했던 것이다. 따라서 전두환 정권 하에서는 박정희 정권 때보다 소비 문화와 향락 문화가 약간은 허용되었음에도 국민의 과소비와 무절제한 삶에 대해 국가는 언제라도 철퇴를 가할 준비가 되어 있었다.

이런 맥락 하에서 영화 〈변강쇠〉도 국가가 허용한 에로티시즘의 자유를 어느 정도 활용하지만, 섹스에의 과도한 탐닉과 정력에의 집착, 술과 도박 중독 등을 과잉으로 소비하는, 노동하지 않는 신체에 대해 국가 권력이 부

---

20 막스 베버, 앞의 책, 188쪽.

과하는 형벌을 두 주인공에게 가한다. 영화 속 장승은 이러한 국가 권력을 상징하는 존재로서 영화의 결말부에만 등장하지만, 영화 전체에 걸쳐서 연출자에게 과도한 성애 표현을 자중시키고 영화 제작진이 자체 검열을 행함으로써 영화의 시각적 에로티시즘을 완화시키며 마지막에 가서는 과잉 성욕자의 말로가 파멸이라는 교훈을 관객에게 심어주는 판옵티콘에서의 간수와도 같은 역할을 수행한다. 실상 1980년대의 가장 유명한 에로영화지만 〈변강쇠〉에는 여배우(원미경)의 신체 노출이 거의 없으며 빈번하게 등장하는 남녀 주인공의 성 행위 장면도 나무 기둥 등의 자연 풍경에 가려지거나 은유적으로만 표현되어 배경음악과 사운드만 요란할 뿐이다. 영화의 서사적 전개뿐 아니라 이러한 시각적 제한에서도 영화 제작진의 성과 유희와 쾌락에 대한 이중적 시선을 엿볼 수 있다.

더 나아가 변강쇠와 옹녀의 과도한 성적 능력은 죽음충동의 작용으로 인한 사(私)적인 파멸에 그치는 것이 아니라 개발과 발전 중심주의 사회에 해악을 끼치는 반사회적인 요소이기에 경계하고 제거해야 하는 대상이다. 영화에서의 옹녀는 판소리 사설과 달리 강쇠를 제외하고는 잠자리를 같이 하는 모든 남자들을 복상사시키는, 본인의 의도와는 별개로 말 그대로의 팜므 파탈이다. 남성들에게 치명적인 해를 가하는 위험한 여자로서 궁극적으로는 그녀의 성적 능력을 감당할 수 있는 유일한 남자였던 강쇠마저도 죽음에 이르게 하는 존재다. 따라서 마지막 장면에 임신해 부른 그녀의 복중 태아는 국가가 반길 만한 유전자를 지닌 존재일 수 없다. 따라서 비록 강쇠와 달리 옹녀가 자신과 남편을 먹여 살리기 위해 노동하는 착실한 신체로 변화하였음에도, 그녀는 성적 재생산이 가능한 여자라는 이유로 죽음이라는 천벌까지는 아니더라도 광인이 되고 마는 것이다. 강쇠의 시신을 발견하고 눈이 소복한 지리산 벌판으로 절규하며 뛰쳐나가는 옹녀의 모습을 정지 화면으로 잡으며 끝나는 영화의 마지막 장면은 한겨울의 산중에서 온전치 못한 정신을 지닌 여자가 멀쩡하게 살아남을 수 있을까 하는 의문을 품게 만든다.

변강쇠는 에로스를 비생산적이고 비건설적으로 활용한 나머지 장승이라는 국가 권력에 의해 죽음에 이르지만, 옹녀의 실성은 에로스의 비건설적인 활용에 대한 처벌이 아니라 인구의 재생산을 담당하는 여성이기에 아무리 개과천선한 착실한 노동자라 해도 반사회적인 인물로서 제거되는 것이다.[21] 또한 옹녀가 무사히 강쇠의 자식을 낳는다 하더라도 그 아이가 한겨울의 지리산에서 실성한 어미의 보호 속에 살아남으리라는 보장도 없다. 따라서 유희와 쾌락과 에로티시즘의 화신이라 할 수 있는 강쇠와 옹녀 모두 유랑민으로서 사회에서 소외되고 쫓겨나 산 속에서 고독하게 비극적 최후를 맞이할 수밖에 없는 것이다. 그들은 1980년대 한국사회가 그토록 열광하던 정력의 화신이지만 동시에 노동하고 생산하지 않는 잉여인간으로서 사회에서 축출되어야만 하는 존재이다. 영화 〈변강쇠〉의 흥행 신화 속에는 이처럼 성적 쾌락과 유희에 대한 한국사회의 이중적 시선이 담겨 있다.

---

21 마르쿠제는 프로이트적 에로스를 성적 에너지로부터 생산적이고 건설적 에너지로 전환시켜 문명의 발전과 번영을 위한 힘으로 활용할 것을 주창한 바 있다. 마르쿠제에 따르면 에로스는 노동을 통한 '진보(progress)'로서 표출될 수 있고, 그가 '타나토스(Thanatos)'라고 지칭한 죽음충동은 인간의 자기파괴적 원천이라기보다 생의 고통으로부터의 해방과 자유로의 통로로 기능할 수 있다. 이러한 맥락에서 마르쿠제는 죽음충동에 의한 쾌락원칙의 규제를 목적으로 하는 현실 원칙을 '열반 원칙(Nirvana Principle)'이라 부르기도 한다. 실상 마르쿠제는 가부장제 자본주의 사회에 일침을 가하고 좀 더 해방적이고 유토피아적인 문명의 건설을 지향했으나, 프로이트 이론에 대한 그의 해석은 오히려 아이러니하게도 금욕적이고 통제된 인간 신체를 통한 산업 자본주의의 발전을 도모하는 것처럼 전유될 수 있어 1980년대 한국의 국가주도형 자본주의와 산업 주체 양성의 프로젝트와도 맥을 같이 하고 있다. 다음을 참조할 것. Herbert Marcuse, *op. ct. passim.*

4. 나가며: 1980년대 한국 에로영화에서의 죽음

〈변강쇠〉는 〈애마부인〉(1982), 〈뽕〉(1985), 〈씨받이〉(1986), 〈매춘〉(1988) 등과 더불어 1980년대 한국영화, 특히 극장용 성인영화 중에서 가장 널리 알려진 작품이다. 영화를 처음부터 끝까지 제대로 보지 않은 사람이라도 한 국인이라면 누구나 변강쇠라는 이름이 상징하는 남성 정력과 코믹한 에로 티시즘에 대해 떠올릴 것이다. 이처럼 한국사회에서 가장 대중적인 에로영 화 텍스트로 자리 잡은 〈변강쇠〉지만 영화의 전반적인 코믹함은 결말의 비 극성을 교묘하게 상쇄시켜 누구에게나 유쾌한 텍스트인 것처럼 오해되는 측면이 있다. 본론에서 살펴봤듯, 영화의 원전인 판소리 사설 「변강쇠가」도 웃음과 눈물, 죽음과 에로스가 뒤엉켜 있어 대단히 기괴하지만, 판소리 사 설의 전반부 서사만을 취한 영화도 남녀 주인공을 과잉 성욕과 비정상적인 정력의 소유자로서 코믹하게 설정함으로써 관객의 웃음을 유발하다 영화 의 종결부에 갑작스러운 비극적 결말을 제시해 이들에 대한 안타까움을 느 끼게도 한다.

「변강쇠가」의 강쇠는 주색잡기에 탐닉한 데다 옹녀뿐 아니라 길을 가다 마주치는 사람들에게 툭 하면 싸움을 걸고 괴롭히는 유아적 인물로서, 죽어 마땅하다 싶을 정도의 천하의 몹쓸 놈인데다 죽어서도 살아생전의 가학성 을 유지하는 것으로 그려진다. 〈변강쇠〉의 강쇠도 주색잡기에 빠져 생계유 지를 위한 노력을 하지 않고 가장의 역할을 대신하는 아내를 괴롭히는 문제 적 남편이지만, 지리산으로 들어간 후에는 임신한 옹녀를 아끼고 곧 태어날 자식을 생각할 정도의 양심과 인간미는 갖추고 있는 것으로 묘사된다. 한국 의 근대화 이전에 쓰인 판소리 사설이 신화적이고 미신적인 세계관 속에서 에로스와 죽음에 접근해 도덕적 고결함을 지니지 않은 유랑민에 대한 천벌과 전근대적인 남성중심주의적 세계관에 방점을 뒀다면, 1986년에 영화화된 〈변강쇠〉는 개발·발전 중심주의적 산업 자본주의 사회에서의 에로스와 죽음은 물론 노동과 유희의 관계에 대한 당대의 비일관적이고 모순된 시각을 반영하고 있다. 즉, 1980년대 한국 사회에서 에로스와 죽음충동은 물론이요, 노동과 유희도 적당히 균형을 잡지 않고 한쪽으로 기울면 아무리 개과천선한 후라도 죽음으로 귀결될 수밖에 없다는 교훈을 관객에게 심어주는 것이다. 그러나 〈변강쇠〉의 관객이 강쇠의 죽음과 옹녀의 실성을 목도하면서 느끼게 되는 감정은 노동 생산성이 떨어지는 신체에 대한 국가의 생체권력 실행에 대한 옹호일 수도 있지만 저항감일 수도 있다. 과거의 과오를 뒤로 하고 인적이 드문 외지에서 새 출발한 이들까지 색출하고 감시하는 장승의 판옵티콘적 시선과, 그 시선으로부터 벗어나고자 반항하는 인물을 (초인간적) 권력의 남용으로 응징하는 것이 정당하고 정의로운 국가 권력의 상은 아니기 때문이다. 따라서 영화를 보고 나면 한국의 국가 권력이 지향하는 금욕주의적이고 생산적인 노동하는 신체가 아니라 강쇠가 그랬던 것처럼 극도의 유희와 쾌락에 질펀하게 빠진 삶에 대한 동경을 느낄 수도 있다.

〈변강쇠〉는 이처럼 1980년대 한국사회의 양가적이면서도 모순적인 면모들을 골고루 끌어안고 있는 텍스트이다. 또한 앞서 언급한 것처럼, 제5공화국의 비일관적인 문화정책의 소산으로서의 에로영화의 에로틱하면서도 에로틱하지 않고, 하위문화적이면서 주류문화적이고, 넘치는 듯하면서도 부족한 특성을 그대로 압축한 텍스트이기도 하다. 따라서 영화의 종결부에서의 강쇠의 죽음은 1980년대 국가 권력에 대한 공포와 저항은 물론이요, 노동하지 않고 유희를 즐기는 신체에 대한 혐오와 동경마저도 동시에 유발한다. 그리고 그러한 불균질적이고 모순적인 면모들이 〈변강쇠〉를 포함한 1980년대 한국 에로영화의 묘미이자 매력이기도 하다. 이는 1980년대의 한국 관객들이 〈변강쇠〉와 다른 에로영화들에 보낸 열광과 조소와도 일맥상통한다. 서론에서 언급했듯, 다수의 에로영화가 주인공의 죽음이나 죽음과도 같은 비극적 상태로 종결짓는 것을 감안하면, 에로영화에서의 죽음의 의미는, 〈변강쇠〉도 그러하지만, 한 가지 결로만 파악될 수 없다. 그 다양한 결들을 읽어내기 위해 좀 더 많은 1980년대 한국영화에 대한 관심과 공부가 필요하다.

참고문헌 · 집필진 소개 · 찾아보기

죽음과 철학: 죽음의 관념과 시간의 지평 / 조태구

베르크손, 『창조적 진화』, 최화 옮김, 자유문고, 2020.
스피노자, 『에티카』, 강영계 옮김, IV, LXVII, 서광사, 2001.
장켈레비치, 『죽음에 대하여』, 변진경 옮김, 돌베개, 2016,
조태구, 「미셸 앙리의 구체적 주체성과 몸의 현상학」, 『철학과 현상학 연구』 제72집, 한국
　　　현상학회, 2017.
＿＿＿, 「미셸 앙리의 질료 현상학」, 『철학논집』, 제49집, 서강대학교 철학연구소, 2017.
최정식, 「베르크손의 무이론 분석」, 『과학과 철학』, 제5집, 과학과 철학, 1994.
캉길렘, 『정상적인 것과 병리적인 것』, 여인석 옮김, 그린비, 2018.
후설, 『에드문트 후설의 내적 시간의식의 현상학』, 이남인, 김태희 옮김, 서광사, 2020,
Bergson, H., Pensée et Mouvant, PUF, 2013.
＿＿＿＿＿＿, Les Deux Sources de la morale et de la religion, PUF, 2013.
Grondin, J., Le tournant dans la pensée de Martin Heidegger, PUF, 1987,
Heidegger, M., Die Grundprobleme der Phänomenologie, Gesamtausgabe, Bd. 24,
　　　Frankfurt a. M. 1975.
Henry, M., Phénoménologie matérielle, PUF, 1990.
＿＿＿＿, C'est moi la vérité, Seuil, 1996.
＿＿＿＿, "Art et phénoménologie de la vie", Phénoménologie de la vie, t. III, PUF, 2004.
＿＿＿＿, "La subjectivitéoriginaire. Critique de l'objectivisme", Auto-donation, Beauchesne
　　　2004.
Jankelevitch, La Mort, Flammarion, 1977.

현상학의 자아와 죽음: 후설의 초월론적 자아, 유한성, 그리고 죽음 / 최우석

Donn Welton, "The Systematicity of Husserl's Transcendental Philosophy: From
　　　Static to Genetic Method", The New Husserl: A Critical Reader, ed. Donn
　　　Welton, Indiana University Press, 2003.
Edmund Husserl, Cartesianische Meditationen und Pariser Vorträge, ed. Stephan

Strasser, Den Haag: Martinus Nijhoff, 1950. (Hua I).

Edmund Husserl, *Die Idee der Phänomenologie. Fünf Vorlesungen*, ed. Walter Biemel, Den Haag: Martinus Nijhoff, 1950. (Hua II).

Edmund Husserl, *Ideen zu einer reinen Phänomenologie und phänomenologischen Philosophie. Zweites Buch. Phänomenologische Untersuchungen zur Konstitution*, ed. Marly Biemel, The Hague: Martinus Nijhoff, 1952. (Hua IV).

Edmund Husserl, *Die Krisis der europäischen Wissenschaften und die transzendentale Phänomenologie. Eine Einleitung in die phänomenologische Philosophie*, ed. Walter Biemel, The Hague: Martinus Nijhoff, 1954. (Hua VI).

Edmund Husserl, *Zur Phänomenologie des inneren Zeitbewuβtseins (1893-1917)*, ed. Rudolf Boehm, The Hague: Martinus Nijhoff, 1966. (Hua X).

Edmund Husserl, *Analysen zur Passiven Synthesis. Aus Vorlesungs-und Forschungsmanuskripten 1918-1926*, ed. Margot Fleischer, The Hague: Martinus Nijhoff, 1966. (Hua XI).

Edmund Husserl, *Zur Phänomenologie der Intersubjektivität. Texte aus dem Nachlass Dritter Teil: 1929-1935*, ed. Iso Kern, The Hague: Martinus Nijhoff, 1966. (Hua XV).

Edmund Husserl, *Grenzprobleme der Phänomenologie. Analysen des Unbewuβtseins und der Instinkte. Metaphysik. Späte Ethik (Texte aus dem Nachlass 1908-1937)*, ed. Rochus Sowa & Thomas Vongehr, New York: Springer, 2014. (Hua XLII).

Janet Donohoe, *Husserl on Ethics and Intersubjectivity: From Static to Genetic Phenomenology*, University of Toronto Press, 2016.

김태희, 「초월론적 자아의 유한성: 후설의 '한계사건' 분석을 중심으로」, 『철학사상』 40, 서울대학교철학사상연구소, 2011.

김태희, 『시간에 대한 현상학적 성찰』, 필로소픽, 2014.

이남인, 『현상학과 해석학』, 서울대학교출판문화원, 2013.

홍성하, 「후설에서 나타난 무의식의 현상학에 대한 연구: 잠과 죽음의 의미에 대하여」, 『현상학과 현대철학』, 21, 한국현상학회, 2003.

죽음으로 가는 시간: 질병과 간병 그리고 노화와 요양 / 최성민

강영례, 「입원 노인 환자의 가족수발과 간병인 수발시의 만족도 비교 연구」, 한림대학교 대학원 사회복지학과 노년학전공 석사학위논문, 2001.

김미영, 「소설에서의 치매 서사의 수용」, 『국어문학』 63호, 국어문학회, 2016.

김소연, 「박완서 단편소설에 나타난 노년의식 고찰」, 고려대학교 석사학위 논문, 2010.

김은정, 「모녀서사를 통해 본 '치매'의 상징성 연구」, 『한국문학논총』 제61집, 한국문학회, 2012.

김은정, 「박완서 노년소설에 나타나는 질병의 의미」, 『한국문학논총』 제70집, 한국문학회, 2015.

김지혜, 「현대소설에 나타난 치매 표상 연구」, 『현대문학이론연구』 제72집, 현대문학이론학회, 2018.

김혜경, 『노년을 읽다: 박완서 소설로 읽는 노년의 삶』, 충남대학교 출판문화원, 2017.

루이즈 애런슨, 『나이듦에 관하여』, 최가영 옮김, 비잉, 2020.

마이니치 신문 취재반, 남궁가윤 역, 『간병살인』, 시그마북스, 2018.

박산향, 「박완서 소설의 치매 서사와 가족 갈등 고찰」, 『인문사회과학연구』 제19권 제2호, 부경대학교 인문학사회과학연구소, 2018.

박완서, 『엄마의 말뚝 : 박완서소설전집결정판11』, 세계사, 2012.

박완서, 『배반의 여름 : 박완서소설전집4』, 문학동네, 2014.

박윤재, 『한국현대의료사』, 들녘, 2021.

아툴 가완디, 김희정 역, 『어떻게 죽을 것인가 : 현대의학이 놓치고 있는 삶의 마지막 순간』, 부키, 2015.

이영아, 「문학작품에 나타난 한국 현대 의료의 현실 : 박완서 소설을 중심으로」, 『인문과학연구』 36집, 강원대학교 인문과학연구소, 2013.

유영규 외, 『간병살인, 154인의 고백』, 루아크, 2019.

엄미옥, 「고령화사회의 문학 : '치매'를 다룬 소설을 중심으로」, 『대중서사연구』 24권 1호, 2018.

최성민, 「노인 간병과 서사적 상상력―한국과 일본의 간병 소설을 통하여」, 『비교한국학 Comparative Korean Studies』 29(2), 2021.

기사 및 인터넷 사이트

강유빈, 「코로나19 혼란 속 버려진 스페인 양로원 사망자 방치도」, 《한국일보》, 2020.3.24.

권지담, 「숨 멈춰야 해방되는 곳… 기자가 뛰어든 요양원은 감옥이었다」, 《한겨레신문》, 2019.5.13.

김다영, 「여기는 미쳐 돌아가고 있다; 뉴욕 요양원에서만 2500명 숨져」, 《중앙일보》, 2020.4.17.

김선영, 「치매 父 간병살인 아들, 항소심도 징역 3년」, 《세계일보》, 2021.3.18.

김은영, 「지난해 장기요양보험 급여비 8조원 돌파」, 《청년의사》, 2020.9.3.

김정기, 「국민 91.5% 장기요양보험제도 만족한다」, 《충청투데이》, 2021.2.7.

김정현, 「정은경, "접종 무관 65세 이상 사망 600명, 인과성 신속판단」, 《뉴시스》, 2021.3.22.

김진경, 「'좋은 죽음'인가 '좋은 삶의 실패'인가」, 《시사IN》, 702호, 2021.3.6.

나경희, 「현황 파악조차 되지 않는 요양병원 코호트 격리」, 《시사인》, 2021.1.27.

노유림, 「간병에 지쳤다, 80대 치매 남편 살해한 40대 아내」, 《국민일보》, 2021.3.11.

안태훈, 「암, 심장병 투병 노부부 동반 추락사, 부인 곳에 유서」, 《JTBC》, 2019.9.9.

홍혜림,「억지로 잠자는 노인들 … 요양병원에 무슨 일이」,《KBS》, 2020.9.10.
http://치매국가책임제.nid.or.kr/

성녀 시에나의 가타리나의 금식과 죽음: 중세 여성의 주체성 / 이상덕

가타리나, 성찬성 역,『대화』, 바오로 딸, 2020.
매리 앤 파툴라, 성 도미니꼬 선교 수녀회 역,『시에나의 성녀 가타리나의 가르침』, 분도출
　　판사, 1997.
수전 보르도, 박오복 역,『참을 수 없는 몸의 무거움』, 또 하나의 문화, 2003.
유희수,『낯선 중세』, 문학과 지성사, 2018.
이민지,「중세 그리스도교 여성 금욕수행자들의 자기 부정과 지위 획득」,『종교와 문화』
　　16권, 2009.
＿＿＿,「서유럽 중세여성 금욕수행 연구: 성스러움을 구현하는 몸」, 서울대학교 종교학
　　과 석사학위 논문, 2010.
이소희,「신체 이미지와 거식증: 메를로-퐁티의 신체의 현상학과 라캉의 정신 분석학을
　　중심으로」,『한국여성철학』, 15권, 2011.
이충범,「금식하는 성녀와 거식증 소녀-성 가타리나(St. Catherine of Siena)와 현대거식증
　　을 중심으로 -」,『가톨릭철학』, 13호, 2009.
＿＿＿,『중세 신비주의와 여성; 주체, 억압, 저항 그리고 전복』, 동연, 2011.
최화선,「중세 여자 성인들의 음식, 몸, 물질의 종교: 캐롤라인 워커 바이넘의 저작을
　　중심으로」,『종교문화비평』, 32권, 2017.
Banks, C. G., ""There is No Fat in Heaven": Religious Asceticism and the Meaning of
　　Anorexia Nervosa", *Ethos*, vol. 24, 1996.
Bell, M. R., *Holy Anorexia*, Chicago, 1985.
Bianucci, R., Charlier, P., Evans, P., and Appenzeller, O., "Temporal lobe epilepsy and
　　anorexia nervosa in St. Catherine of Siena (1347-1380)", *Journal of the Neurological
　　Sciences*, vol. 379, 2017.
Brewerton, T. D.(ed.), *Clinical Handbook of Earing Disorders: an Integrated Approach*,
　　New York, 2004.
Bruch, H., *The Golden Cage: the Enigma of Anorexia Nervosa*, Cambridge, 1978, 2001.
＿＿＿, *Conversations with Anorexics: A Compassionate and Hopeful Journey through the
　　Therapeutic Process*, Oxford, 1988, 2006.
Bynum, C. W., *Holy Feast and Holy Fast: The Religious Significance of Food to Medieval
　　Women*, Berkeley, 1987.
Catherine of Siena, Trans. and Intro. by Noffke, S. O.P., *Catherine of Siena: The Dialogue*,
　　New York, 1980.

Corrington, G., "Anorexia, Asceticism, and Autonomy: Self-Control as Liberation and Transcendence", *Journal of Feminist Studies in Religion*, vol. 2, 1986.

Davis, A. A. and Nguyen, M., "A Case Study of Anorexia Nervosa Driven by Religious Sacrifice", *Case Reports in Psychiatry*, vol. 2014, 2014.

Grimwood, T., "The Body as a Lived Metaphor: Interpreting Catherine of Siena as an Ethical Agent", *Feminine Theology*, vol. 13, 2004.

Hopton, E., "Anorexia Nervosa in Adolescent Girls: A Culture-Bound Disorder of Western Society?", *Social Cosmos*, vol. 2, 2011.

McKay, G., "Skinny blues: Karen Carpenter, anorexia nervosa and popluar music", *Popular Music*, vol. 37/1, 2018.

Raymond of Capua, Harvill Press and P. J. Kenedy & Sons. (trans. by), *The Life of St. Catherine of Siena*, North Carolina, 1960, 2011.

Schmidt, R. L., *Little girl blue : the life of Karen Carpenter*, Chicago, 2010.

Thurber, A. C., "Female Urban Reclusion in Siena at the Time of Catherine of Siena", Muessig, C., Ferzoco, G., and Kienzle, B. M. (ed.), A *Companion to Catherine of Siena*, Leiden, 2012.

Tongson, K., *Why Karen Carpenter Matters*, Austin, 2019.

Watts, A., *Nature, Man, and Woman*. New York, 1970.

기독교의 죽음관: 묵시적 희망의 견지에서 본 잠듦과 깨어남 / 김재현

Baur, Walter 이정의 옮김, 『바우어 헬라어 사전: 신약성경과 초기 기독교 문헌의 헬라어-한국어 사전』, 생명의말씀사, 2017.

Beker, John C. 장상 옮김, 『사도바울: 바울의 생애와 사상에서의 하나님의 승리』, 한국신학연구소, 1999.

Bultmann, Rudolf K. 허혁 옮김, 『신약성서신학』, 성광문화사, 2004.

Collins, John J. 박요한 영식 옮김, 『묵시문학적 상상력: 유다 묵시문학 입문』, 가톨릭출판사, 2006.

Conzelmann, Hans and Andreas Lindemann, 박두환 옮김, 『신약성서신학』, 한국신학연구소, 2001.

Dunn, James 박문재 옮김, 『바울신학』, 크리스챤다이제스트, 2003.

Fletcher, M. Scott *The Psychology of the New Testament*, Hodder and Stoughton, 1912.

Gnilka, Joachim 이종한 옮김, 『신약성경신학』, 분도출판사. 2014.

Gooder, Paula 이학영 옮김, 『마침내 드러난 하늘나라』, 도서출판 학영, 2021.

Gospel Serve 편, 『성경문화 배경사전』, 생명의 말씀사, 2017.

Heidegger, Martin *Sein und Zeit*, Vittorio Klostermann, 1977.

Heiser, Michael S. 손현선 옮김, 『보이지 않는 세계: 성경의 초자연적 세계관 회복하기』, 좋은 씨앗, 2019.

Hengel Martin and Anna Maria Schwemer, translated by Wayne Coppins, *Jesus and Judaism*, Mohr Siebeck, 2019.

Hultgren, Arland J. *Paul's Letter to the Romans: A Commentary*, William B. Eermans Publishing Company, 2011.

Kierkegaard, Soren A. 김용일 옮김, 『죽음에 이르는 병』, 계명대학교출판부, 2006.

Kramer, Kennth P. 양정연 옮김, 『죽음의 성스러운 기술: 세계 종교는 어떻게 죽음을 이해하는가』, 청년사, 2015.

McKelway, Alexander J. 황재범, 김재현 옮김, 『폴 틸리히 조직신학: 요약과 분석』, 한들출판사, 2020.

Murphy, Frederic, J. 유선명 옮김, 『초기 유대교와 예수 운동: 제2성전기 유대교와 역사적 예수의 상관관계』, 새물결플러스, 2020.

Reed, Annette Yoshiko *Fallen Angels and the History of Judaism and Christianity: The Reception of Enochic Literature* Cambridge University Press, 2005.

Sacchi, Paolo. "The 2005 Camaldoli Seminar on the Parable of Enoch: Summary and Prospects for Future Research," in ed. G. Boccaccini, *Enoch and the Messiah Son of Man: Revisiting the Books of Parables*, Wm. Eedmans Publishing Co, 2007.

Sanders, Edward P. 황종구 옮김, 『예수와 유대교』, 크리스챤다이제스트, 2008.

Sanders, Edward. P. Paul and *Palestinian Judaism: A Comparison of Patterns of Religion* Fortress Press, 1977.

Schreiner, Thomas. R. 임요한 옮김, 『언약으로 성경읽기: 세상을 향한 하나님의 목적』, CLC, 2020.

Schweitzer, Albert. 조남홍 옮김, 『사도바울의 신비주의』, 한들출판사, 2010.

Segal, Alan F. *Rebcca's Children: Judaism and Chrisitianity in the Roman World*, Harvard University Press, 1986.

Segal, Alan F. *Two Powers in Heaven: Early Rabbinic Reports aobut Christianity and Gnosticism* E. J. Brill, 1977.

Smith, Daniel A. *The Post-Motem Vindication of Jesus in the Sayhings Gospel*, T&T Clark, 2005.

Vermes, Geza. 노진준 옮김, 『유대인 예수의 종교』, 은성, 2019.

Winter, Jay 박창식 옮김, 『쉽게읽는 에녹서』, 도서출판 쥬빌리, 2020.

Wright, Nicolas. T. 박문재 옮김, 『예수와 하나님의 승리』, 크리스챤다이제스트, 2004.

김재현, 「Q의 인간학적 개념들: $\sigma\omega\mu\alpha$와 $\psi\upsilon\chi\eta$를 중심으로」, 『예수말씀연구』 9, 예수말씀 연구소, 2017.

김재현, 『Q복음서: 유대교와 기독교의 잃어버린 연결고리』, 계명대학교출판부, 2021.

이승현, 『바울의 아담 기독론과 새관점』, 감은사, 2020.

이형일, 『예수와 하나님의 아들 기독론: 초기 교회 고 기독론 형성에 관한 고찰』, 새물결플러스, 2016.

플라톤, 김인곤 옮김, 『고르기아스』, 이제이북스, 2011.

불교에서 보는 죽음: 죽음의 정의, 과정, 임종과 내세, 극복의 문제에 대해 / 문현공

Aṅguttara Nikāya I -III, Morris, R. & Hardy, E., Pali Text Society, 1976.

Dhammapada, Edited by Ānandajoti Bhikkhu, Acient Buddhist Texts, 2007.

Majjhima Nikāya I -III, Trenckner, V., Pali Text Society 1979.

Saṃyutta Nikāya II, Davids, C. A. & Rhys, D, Pali Text Society, 1975.

Visuddhimagga of Buddhaghosacariya, Harvard Oriental Series 41, Edited by Henry Clarke Warren, Dharmananda, Motilal Banarsidass, 1989.

『觀無量壽經』, T. 12. (T: TaishōShinshū Daizōkyō, 大正新修大藏經)

『大般涅槃經』, T.7.

『無量壽經』, T.12.

『阿毘達磨俱舍論』 T.29.

『增一阿含經』, T.2.

T. W. Rhys Davids and William, *The Pali Text Society's Pali-English Dictionary*, Pali Text Society, 1972.

Pin van Lommel et al, "Near-death experience in survivors of cardiac arrest: a prospective study in the Netherlands", *The Lancet* 358, 2001.

Raymond A. Moody, 서민수 옮김, 『삶 이후의 삶』, 시공사, 1995.

Yongmei et al, "Infrequent near death experiences in severe brain injury survivors: A quantitative and qualitative study", *Annals of Indian Academy of Neurology* 16, Ann Indian Acad Neurol, 2013.

고익진, 『불교의 체계적 이해』, 새터, 1998.

김용표, 「불교에서 본 죽음과 종교교육」, 『宗敎敎育學硏究』 19, 한국종교교육학회, 2004

문현공, 「불교와 유교의 죽음관에 대한 고찰」, 『철학·사상·문화』 24, 동서사상연구소, 2017.

문현공, 「임종시(臨終時) 현상과 행위의 죽음학(Thanatology)적 의미-정토계 경전을 중심으로」, 『淨土學硏究』 30, 한국정토학회, 2018.

문현공, 「청정도론을 통해 본 죽음 현저성이 심리에 미치는 영향」, 『佛敎學報』 81, 불교문화연구원, 2017.

박찬욱 외, 『죽음, 삶의 끝인가 새로운 시작인가』, 운주사, 2011.

안양규, 「붓다의 죽음」, 『불교평론』 7, 만해사상실천선양회, 2007.

유성호, 「사망원인과 사망의 종류결정」, 『대한의사협회지』 61, Korean Medical Association, 2018.
이준일, 『13가지 죽음』, 지식프레임, 2015.
이필원, 「초기불교의 임종관」, 『선문화연구』 14, 한국불교선리연구원, 2013.
임승택, 「죽음의 문제에 대한 고찰」, 『佛敎學報』 43, 동국대학교 불교문화연구원, 2005.
韓普光 國譯, 『정토삼부경』, 여래장, 2001.
후지타 코타츠, 권오민 옮김, 『초기 부파불교의 역사』, 민족사, 1989.

죽음과 에로스: 1980년대 한국 영화에서의 죽음과 에로스, 그리고 노동과 유희 / 이윤종

강소원, 「1980년대 한국 '성애영화'의 섹슈얼리티와 젠더 재현」, 중앙대학교 첨단영상대
        학원 박사학위 논문, 2006.
막스 베버, 김현욱 옮김, 『프로테스탄티즘 윤리와 자본주의 정신 외』, 동서문화사, 1978, 2014.
미셸 푸코, 이규현 옮김, 『감시와 처벌 : 감옥의 역사』, 나남, 2003.
신재효, 「변강쇠가」, 강한영 편, 『신재효 판소리 여성 마당집』, 형설, 1982.
서종문, 『판소리와 신재효 연구』, 제이앤씨, 2008.
설중환, 『판소리 사설 연구』, 국학자료원, 1994.
이윤종, 「한국 에로영화와 일본 성인영화의 관계성 - 〈애마부인〉을 중심으로 본 양국의
        1970-80년대 극장용 성인영화 제작관행」, 『대중서사연구』 제 21권 2호, 대중서사학
        회, 2015.
엄종선, 〈변강쇠〉, 1986, (주) 합동영화.

Althusser, Louis., "Ideology and Ideological State Apparatus," in *Lenin and Philosophy and
        Other Essays*, trans. Ben Brewster, New York : Monthly Review Press, 1971, 2001.
Anderson, Benedict. *Imagined Communities : Reflections on the Origin and Spread of
        Nationlaism*, New York : Verso, 1983, 2006.
Batailles, Georges., *Erotism : Death and Sensuality*, Trans. Mary Dalwood, New York :
        City Light Publishers, 1986. De Lauretis, Teresa., *Freud's Drive : Psychoanalysis,
        Literature and Film*, New York : Palgrave Macmillan, 2008.
Foucault, Michel,. *The History of Sexuality Vol. 1 : An Introduction*, trans. Robert Hurley,
        New York : Vintage Books, 1990.
Freud, Sigmund., *Beyond the Pleasure Principle*, New York : W. W. Norton, 1961, 1990.
------., *Civilization and Its Discontents*, New York : W. W. Norton, 1961, 1989.
Marcuse, Herbert., *Eros and Civilization : A Philosophical Inquiry into Freud*, Boston :
        Beacon Press, 1955, 1966.
Nelson, Laura C., *Measured Excess : Status, Gender, and Consumer Nationalism in South
        Korea*, New York : Columia University Press, 2000.

김재현: 계명대학교 Tabula Rasa College 조교수. 계명대학교 대학원, 영남대학교 대학원 졸업. 저·역서로 『Q복음서: 유대교와 기독교의 잃어버린 연결고리』(계명대학교출판부, 2021), 『폴 틸리히 조직신학: 요약과 분석』(한들출판사, 2020), 논문으로 「백부장의 πίστις : Q복음서의 가버나움 백부장에 관한 연구」, 「하이데거의 이음구조에 관한 고찰」 등이 있다.

문현공: 동국대학교 불교대학 조교수. 동국대학교 불교학과 및 동 대학원 졸업. 뉴욕주립대 한국학센터 객원연구원, 동국대 불교학술원 전임연구원 역임. 주요 논문으로 「Mindfulness of Death as a Tool for Mortality Salience Induction」(Relgions 10, 2019), 「Educational Applications of Buddhist Meditations on Death」(Relgions 11, 2020), 「임종시(臨終時) 현상과 행위의 죽음학(Thanatology)적 의미」(淨土學硏究 30, 2018), 「『청정도론』을 통해 본 죽음 현저성이 심리에 미치는 영향 연구」(佛敎學報 81, 2017), 「죽음 현저성(Mortality Salience)의 교육적 함의」(종교교육학연구 57, 2016) 등이 있다.

이상덕: 경희대학교 인문학연구원 HK+통합의료인문학연구단 HK교수. 고려대학교 서양사학과를 나와 동대학원에서 서양고대사 석사를 받았다. 영국 옥스퍼드 대학교에서 고전고고학 석사를 받고, 런던 킹스 칼리지(King's College, London)에서 고전학 박사를 받았다. 주요 논문으로 "Amphiaraos, the Healer and Protector of Attika", 「영미 의료사의 연구동향: 1990-2019」 등이 있다.

이윤종: 동국대학교 영화영상제작학과 강사. 미국 캘리포니아 주립대 어바인교에서 박사 학위를 받았다. 계간지 『문화과학』 및 KCI 등재지 『대중서사연구』(대중서사학회)와 『사이』(국제한국문학문화학회)의 편집위원을 맡고 있다.

1980년대 한국 대중영화와 민중운동의 접점과 상호연관성, 문제점 등에 대한 연구와 동시에 2010년대 한국영화 속에 드러난 신자유주의에 대한 대중적 정서와 그 젠더적 차이에 대한 논문을 계속 발표해 오고 있다. 주요 공저로 『할리우드 프리즘』, 『1990년대의 증상들』, 『누가 문화자본을 지배하는가?』 등이 있으며, 최근 논문으로는 「바이러스의 살육성: 〈괴물〉과 〈감기〉의 기생체」, 「임순례 영화의 목가성에 대하여: 〈소와 함께 여행하는 법〉과 〈리틀 포레스트〉를 중심으로」 등이 있다.

조태구: 경희대학교 인문학연구원 HK+통합의료인문학연구단 HK연구교수. 파리-낭테르대학(파리10대학)에서 철학 박사 학위를 받았다. 프랑스 정신주의와 프랑스 현상학을 중심으로 생명에 대해 탐구했다. 현재는 의학이라는 인간 고유의 활동을 통해 인간의 삶과 생명에 대해 질문하고 있다. 주요 저서와 논문으로는 『의철학 연구 - 동서양의 질병관과 그 경계』(공저), 「미셸 앙리의 구체적 주체성과 몸의 현상학」, 「데카르트, 후설 그리고 앙리 - 미셸 앙리의 데카르트 '코기토'에 대한 해석과 질료 현상학」 「반이데올로기적 이데올리기 – 의철학의 가능성 논쟁 - 부어스와 엥겔하르트를 중심으로」, 「코로나19와 혐오의 시대 - '올드 노멀(old normal)'을 꿈꾸며-」 등이 있다.

최성민: 경희대학교 인문학연구원 HK+통합의료인문학연구단 HK연구교수. 서강대학교 문학사, 문학석사, 문학박사 학위. 2004년 세계일보 신춘문예 문학평론부문 당선. 전 연세대학교 박사후 연구원, 서강대학교 대우교수. 주요저서로 『다매체 시대의 문학이론과 비평』, 『근대서사텍스트와 미디어 테크놀로지』, 『화병의 인문학 : 근현대편』(공저) 등이 있고, 「판타지의 리얼리티 전략과 서사적 감염」, 「한국 의학드라마 연구 현황과 전망」 등의 논문이 있다.

최우석: 경희대학교 인문학연구원 HK+통합의료인문학연구단 HK연구교수. 서강대학교 문학사, 문학석사, 경희대학교 철학박사 학위. 저·역서와 논문으로 『코로나 데카메론1, 2』(모시는사람들, 2021)(공저), 『어떤 죽음』(모시는사람들, 2021)(공저), 『후설의 윤리학과 상호주관성』(모시는사람들, 2021), 「의료인의 의무윤리와 덕윤리의 상보적 이해」, 「의료인의 태도와 현상학」 등이 있다.

찾아보기

[ㄱ]

〈가루지기〉 192
「가루지기 타령」 192
가완디 96, 97, 98
가족 간병 91
가타리나 108, 114, 115, 119
간병 70, 71, 73, 85, 102
『간병살인』 85
간병 살인 가해자 89
간병의 서사 102
객관 47
거식증 106, 111, 116
게으름 169
곁에 머묾 36
고대 이스라엘 125
골짜기 131
공간화된 시간 41
공감적 인식 20
공존재 57
과거 17, 36
과잉에 대한 단속 200
관념 28
『관무량수경』 161, 166
광명 163
교회 105
구성적 현상학 48
『구약성서신학』 129
구원 130
국가 권력 201

「그 가을의 사흘 동안」 83
그닐카(J. Gnilka) 143
그리스 131
그리스도 129
근사체험 163, 164, 165
금식 106, 108
기독교 124, 125, 132, 145
기독교 죽음관 129
기술적 심리학 48

[ㄴ]

남성 105
낯선 죽음 19
내세 158
넬슨(Laura C. Nelson) 200
노동 200
노망 81
노인장기요양보험법안 94
『논리연구』 51
뇌사 151

[ㄷ]

대-상 37
『대화』 105
던(J. Dunn) 144
데살로니 139
『도덕과 종교의 두 원천』 23
도미니크 수도회 109
독박 간병 89
돌아옴 36
동기 49

[ㄹ]

랍비 유대교 125
레이몬드 109
롬멜(Van Lommel) 165

[ㅁ]

마르쿠제 203
마음 167
마음챙김 149, 168, 170, 171
마지막 아담 129
만짐 20
만텔라테 회원 110
『맛지마니까야』 158
머피(F. J. Murphy) 126
메이트(Gabor Mate) 75
몸 117, 118, 142
『몸이 아니라고 말할 때』 75
무 27, 29
무디(Raymond Moody) 164
무명 167
『무량수경』 161
무 이론 41
무한성 58
묵시사상 139
묵시적 복음 140
묵시적 부활 146
묵시 전통 137
묵시 현상 125
문제를 야기하는 신비 16
미래 17, 36
민중 196

[ㅂ]

바른 견해 159
바사르 144
바울 127, 134, 139
바이넘 106
바타이유(Georges Batailles) 198
박완서 72, 74
발생적 시간론 54
발생적 현상학 48, 49

방일(放逸) 168, 169
『법구경』 169
베긴회 120
베르크손 18, 20, 23, 41
베버(Max Weber) 183
〈변강쇠〉 182, 184, 185, 186, 192, 204, 205
「변강쇠가」 183, 192
병원 68, 70
보르도 111
봄(vision) 20
부분적인 무 30, 31, 32
부활 136, 138, 140
부활 사상 126
부활의 도식 138
불교 154, 166
불면 85
불방일 175
불사 175
불트만(R. Bultmann) 142
브렌타노(F. Brentano) 52
비관적 서사 101
빛의 경험 165

[ㅅ]

사랑 145
사망 69
사망의 몸 144
사망천사 141
살아 있는 죽음 168
삶 18, 26, 43, 67, 69
삼배구품(三輩九品) 161
3S 181
3인칭의 죽음 15, 17
『상윳따니까야』 152
상호주관성 58, 61

상호주관적인 시간성 56
새로운 아담 129
샌더스(E. P. Sanders) 129
생명 41, 42
생명윤리, 151
생명의 영원성 42
생체권력 183
서신 139
선악과 128
성서 124
성인영화 204
성흔 111
세계 37, 41
세계 구성 61
소원 성취 197
속죄 130
쇄신 63
수도원 109
순관(順觀) 155
순종 130
스데반 134
스티그마타 111
승천 138
승천의 도식 137
시간 34, 37
시간론 53
시간의식 54
시간의 지평 35, 40, 41
시드니 선언 151
식(識) 153, 157
신비결혼 110
신약성서 129
신재효 193, 194
심장사 150
심체(心體) 168
심폐사 151

십이연기(十二緣起) 154
싸띠 170
쌓임의 파괴 153

[ㅇ]

아담 127
아이히로트(W. Eichrodt) 129
『아주 오래된 농담』 83
안전한 죽음 101
알아차림 170
『앙굿따라니까야』 171, 172
앙리 13, 36, 41
애런슨 78
약속 130
언약 129
언약적 율법주의 130
「엄마의 말뚝2」 76
에로스 180, 197, 203
에로영화 179, 204
에로티시즘 180, 181, 197
여성 105, 120
여성성 117
역관(逆觀) 155
역사적 예수 136
열반 158, 167
영웅적 자살 107
영원성 60
영의 몸 141
영혼 135
영혼불멸설 131
영화 179
예수 127, 131
예지 54
옮겨감 152
웅녀가 186
와츠 113

요양 95
요양등급 94
요양병원 92, 94, 95, 102
요양시설 93
요양원 92, 102
유(有) 156
유대교 124
유대인 136
유랑 서민 193
「유실」 74
유한성 58, 60
육처(六處) 156
육체 141
윤회설 166
율법 130
은총 119
은혜 130
음부 131
의료인문학 83
의식 48
의식의 시간성 53
이브 127
이스라엘 130
이신칭의 140
이원론 118
2인칭의 죽음 15, 16, 18, 22, 41
이타적 자살 107
인공호흡기 151
인문학 67
인자 134
일반 관념 25, 26
일부일처제 195
1인칭의 죽음 15
임종 158, 160, 164
임종사상 160

[ㅈ]
자기로 향해 옴 36
자기 통제 114
자본주의 201
작은 죽음 198
잠 59, 132
잠들었다 133
장승 189, 192, 195, 196, 199, 203
장켈레비치(Vladimir Jankélévitch) 14, 15,
    16, 21, 41, 171
재가서비스 93
재림 140
절대적인 무 27, 32
접촉 20
정은경 95
정적 시간론 54
정적 시간 분석 55
정적 현상학 48
정토불교 160
조선 사회 194
존재 38
존재한다는 것 37
종교 23, 124
좋은 삶 98
죄의 몸 144
주관 47
죽음 13, 17, 18, 21, 26, 33, 41, 42, 59, 63,
    67, 69, 123, 131, 145, 146, 158,
    171, 180
죽음 극복 166
죽음에 대한 마음챙김 171
『죽음에 이르는 병』 133
죽음은 없다 13, 22, 42
죽음의 기원 127
죽음의 사슬 131
죽음의 정의 150, 152

죽음충동 180, 197, 198, 202
『증일아함경』 153
지향성 37, 47
직관 20
질병 70, 85, 94, 102

[ㅊ]

창세기 127
『창조적 진화』 27
천사 128
『천일야화』 67
『청정도론』 173, 174
초기 유대교 125
초월론적 자아 58, 60, 61, 62
초월론적 현상학 50
촉(觸) 156
최소 거리 19, 20, 22
출생 59
취(取) 156
치매 80
치매국가책임제 100

[ㅋ]

케제만(E. Käsemann) 125
콘첼만(H. Conzelmann) 143
쾌락 원칙 197
키에케고르 133

[ㅌ]

타나토스 101
타자 57, 60
탈자 36
탈자적 시간 36, 41
터져나간 시간 36

[ㅍ]

파지 54
판소리 사설 194
페미니즘 116
「포말의 집」 81
표상 38
프로이트(Sigmund Freud) 180
프로테스탄트 금욕주의 201

[ㅎ]

하나님 128, 130
하데스 131
하이데거 36, 123
한계사건 59, 63
현상성 36
현상학 47, 63
현상학적 윤리 52
현실 원칙 198
현재 17, 36, 39
형상 128
호흡 150
후설(E. Husserl) 47, 50, 57, 59, 61
후설의 현상학 47, 51, 55, 63, 64
히브리 성서 127, 131
「횡부가」 192

경희대학교 인문학연구원 / HK+통합의료인문학연구단 / 통합의료인문학 학술총서07

죽음의 인문학

등록 1994.7.1 제1-1071
1쇄 발행 2022년 1월 25일

기 획 경희대학교 인문학연구원 HK+통합의료인문학연구단
지은이 김재현 문현공 이상덕 이윤종 조태구 최성민 최우석
펴낸이 박길수
편집장 소경희
편 집 조영준
관 리 위현정
디자인 이주향
펴낸곳 도서출판 모시는사람들
        03147 서울시 종로구 삼일대로 457(경운동 수운회관) 1207호
전 화 02-735-7173, 02-737-7173 / 팩스 02-730-7173

인 쇄 (주)성광인쇄(031-942-4814)
배 본 문화유통북스(031-937-6100)
홈페이지 http://www.mosinsaram.com/

값은 뒤표지에 있습니다.
ISBN 979-11-6629-091-6   94000
세트 979-11-6629-001-5   94000

이 저서는 2019년 대한민국 교육부와 한국연구재단의 지원을 받아 수행된
연구임(NRF-2019S1A6A3A04058286).